T0351667

DER JÜNGSTE TAG

METHUEN'S TWENTIETH CENTURY
GERMAN TEXTS

METHUEN'S TWENTIETH CENTURY TEXTS

Ödön von Horváth

DER JÜNGSTE TAG

Edited by

Ian Huish, M.A.

Modern Languages Department,
Westminster School,
London

Methuen Educational Ltd

First published in this edition in 1985 by
Methuen Educational Ltd
11 New Fetter Lane, London EC4P 4EE

Text © 1970 Suhrkamp Verlag, Frankfurt am Main.
Performance, broadcasting and translation
rights rest with Thomas Sessler Verlag,
München and Wien.
Introduction and notes © 1985 Ian Huish

All rights reserved. No part
of this book may be reprinted
or reproduced or utilized in any form
or by any electronic, mechanical or other means,
now known or hereafter invented, including photocopying
and recording, or in any information
storage or retrieval system, without permission
in writing from the publishers.

British Library Cataloguing in Publication Data

Horváth, Ödön von
Der jüngste Tag. –
(Methuen's twentieth century German texts)
I. Title   II. Huish, Ian
832'.912   PT2617.0865

ISBN 0-423-51280-3

CONTENTS

ACKNOWLEDGEMENTS

The editor and publishers are grateful to Suhrkamp Verlag for permission to reproduce the text of 1970 in this edition.

The editor would also like to express his thanks to Professor Walter Huder, Director of the Horváth Archives in West Berlin; to Professor Traugott Krischke, who has shown such constant interest and given encouragement on many occasions; and to Louise Adey, Emily Phelps-Brown and Sarah Wallis for their help with the vocabulary. Finally, the editor is indebted to Jesus College, Cambridge, for their generous hospitality during the spring and summer months of 1984.

CHRONOLOGY OF
HORVÁTH'S LIFE AND TIMES

1901 December 9, Ödön von Horváth born in Fiume (now
      Rijeka in Yugoslavia). His father is a diplomat in the
      Austro-Hungarian Empire.
1902 The Horváth family moves to Belgrade.
1903 July 6, Ödön's brother Lajos born.
1908 Family moves to Budapest. Ödön receives his first tui-
      tion from a private tutor, at home and in Hungarian.
1909 His father is transferred to Munich but Ödön remains
      at school in Budapest, where he receives intensive reli-
      gious tuition.
1913 Ödön rejoins his parents in Munich and attends a
      local school.
1914 Outbreak of First World War.
1916 Family moves to Pressburg (Bratislava), where
      Horváth produces his first literary attempts.
1918 Family returns to Budapest. End of First World War;
      dissolution of Austro-Hungary; Kaiser Karl removed
      from power. Horváth reads with a group of young
      students the writings of the Hungarian national-
      revolutionary poet Endre Ady (1877–1919).
1919 Horváth at school in Vienna, living at the house of an
      uncle. Passes his Matura (Abitur) then moves to
      Munich University where he enrols to study Theater-
      wissenschaft. The left-wing Räterepublik ('Munich

Soviet') set up in Munich, only to be brutally crushed a few months later.

1920   Horváth's first publications in newspapers and journals.

1922   Horváth's *Das Buch der Tänze* both published and performed as a pantomime with music by the composer Siegfried Kallenberg.

1923   Horváth and his brother spend several weeks in Paris. Hitler's unsuccessful Munich putsch, as a result of which he is imprisoned in Landsberg, where he writes *Mein Kampf*.

1924   Horváth's father settles in Murnau and this house becomes the family home, but Horváth soon opts for Berlin:

In der Großstadt habe ich mehr Eindrücke, sehe ich mehr und Wichtigeres für unsere Zeit als auf dem Lande.

1927   Horváth works for the 'Deutsche Liga für Menschenrechte' in Berlin. Here he discovers much about the so-called 'Schwarze Armee', the paramilitary right-wing organization, which provides him with material for his play *Sladek oder die schwarze Armee*. This play shows, six years before the Nazi takeover in Germany, how strong the pull of Fascism can be for the common man. The same year also sees the première of *Revolte auf Côte 3018* in Hamburg. This play, written between 1926 and 1927, is Horváth's only work to make extensive use of Bavarian dialect, and his only work to deal specifically with the plight of exploited labour. After the first performance Horváth reworks and retitles the play *Die Bergbahn*.

1928   Horváth visits the World Fair in Barcelona and writes the novel *Sechsunddreißig Stunden*. *Sladek* performed in Berlin.

1930   Unemployment reaches three million in Germany. *Italienische Nacht* receives its première in Berlin.

Horváth completes his novel *Der ewige Spießer*, incorporating most of the earlier novel *Sechsunddreißig Stunden*.

1931   Horváth is called as a witness in the trial resulting from a tavern brawl between Left and Right factions in Murnau. He is attacked by the Nazi press. He is awarded the Kleistpreis, the most prestigious literary award in Germany, at the instigation of Carl Zuckmayer. *Geschichten aus dem Wiener Wald* premièred. *Kasimir und Karoline* completed.

1932   Six million unemployed in Germany. Horváth meets the journalist Lukas Kristl and begins work with him on the play *Glaube Liebe Hoffnung*. Première of *Kasimir und Karoline*. Horváth writes his Gebrauchsanweisung. The NSDAP becomes the largest single party in Germany.

1933   Hitler becomes German Chancellor. *Glaube Liebe Hoffnung* goes into rehearsal but never opens. In December Horváth marries the Jewish opera singer Maria Elsner but the marriage is dissolved a few months later.

1934   Horváth joins the 'Reichsverband deutscher Schriftsteller' and works in the film industry in Berlin. *Hin und her* performed in Zurich.

1935   From September Horváth stays in Vienna. *Mit dem Kopf durch die Wand* written.

1936   *Figaro läßt sich scheiden* and *Don Juan kommt aus dem Krieg* written. In the autumn he visits his parents in Murnau but is told to leave Germany within twenty-four hours. *Glaube Liebe Hoffnung* is performed in a modified form, under the title *Liebe Pflicht und Hoffnung*. *Der jüngste Tag* begun.

1937   He is expelled from the 'Reichsverband deutscher Schriftsteller' in February. *Don Juan kommt aus dem Krieg* performed in Prague. He lives near Carl Zuckmayer and his family (Henndorf bei Salzburg) and writes the novel *Jugend ohne Gott* which is published in Amsterdam. Immediately after completing this novel he begins work on another, *Ein Kind unserer Zeit*. This was also published in Amsterdam. In December *Der jüngste Tag* is premièred in Mährisch-Ostrau (Czechoslovakia).

1938 Plans and outlines, constantly reworked, for a third novel, to be called *Adieu Europa*; only a few pages of text were completed. His first novel is condemned by the Gestapo and put on the list of proscribed books.

German troops enter Austria in March and on March 14 the 'Anschluß' is declared. Two days later Horváth leaves Vienna for Budapest. In May he travels to Amsterdam to see his publisher, from there to Paris to meet his French translator and Robert Siodmak, who plans to film *Jugend ohne Gott*. On June 1 Ödön von Horváth is killed on the Champs Elysées by a falling branch during a thunderstorm.

1939 Outbreak of the Second World War on September 3.

1945 At the end of the war the first of Horváth's plays to be performed is *Der jüngste Tag* at the Theater in der Josefstadt, in Vienna.

1955 The text of *Der jüngste Tag* is published.

1970 Horváth's collected works are published by Suhrkamp.

1980 Giselher Klebe's opera of Horváth's *Der jüngste Tag* is premièred in Mannheim.

INTRODUCTION

(All quotations from Horváth's works are from the eight-volume *Gesammelte Werke – G.W*. See the bibliography for details.)

HORVÁTH'S WORKS, 1933-8

Although Horváth only lived to the age of thirty-six, before meeting his bizarre and untimely death on the most famous street in Paris, he wrote seventeen plays, four novels, several film scripts, numerous fragments of novels and plays and a handful of poems. He loved the life of cafés, bars and fairgrounds and frequented such haunts in Berlin, Munich and Vienna. Maybe because he was an outsider, a Hungarian by birth and nationality, he had an amazingly perceptive ear for dialogue, for the kind of conversations that he overheard; he was also an excellent mimic and a skilled raconteur. The first plays that he wrote showed an acute awareness of social injustice and economic exploitation as well as the dangers of political extremism and slogan-mongering, especially from the right-wing groups that were to grow increasingly powerful during the 1920s and that were to emerge as one party, the Nazis, who came to power in 1933.

As he refined his dramatic techniques, so Horváth concentrated increasingly on the language spoken by the characters he portrays, the petty officials, bureaucrats, self-important shopkeepers, and the whole range of the lower middle class. He had worked in Berlin for the Deutsche Liga für Menschenrechte and this provided him with material for some of his plays. At this time and up till 1933 it is especially the plight of women that is prevalent; it was also from 1929 to 1933 that he wrote his most successful works and achieved fame in the Berlin theatre world. These plays, the Volksstücke as he termed them, were among other things a brilliant portrayal of the mentality that made it possible for a Fascist government to come to power in Germany; they also capture the exact flavour of a society that is in the grips of economic crisis and high unemployment, and in search of new leadership. These conditions may also be found in *Der jüngste Tag*. One French critic, Jean-Claude François, has referred to Horváth as the 'boîte noire du troisième Reich', the black box or flight recorder of the Third Reich, the clue to what happened in the moments leading up to the catastrophe.

When the catastrophe came, all of Horváth's plays were banned from the stage in Germany, although he was able to continue living and working in Nazi Germany, mainly writing for the film industry in Berlin. Here he enjoyed a certain anonymity and it was then, as it still is now, customary for script-work to be farmed out to writers whose names would often not even appear in the credits. Horváth was, however, still principally a dramatist and he continued to write plays that were performed in Austrian theatres right up until 1938. In these plays, and indeed in the two short novels that Horváth completed in the last two years of his life, there is an increasing preoccupation with moral problems, with individual and collective responsibility and guilt and a movement away from the social criticism and observation that marks much of his work up to 1933. Many critics consider that Horváth's really important plays were the Volksstücke, and that the post-1933 writings are in some sense inferior. Undoubtedly there are one or two rather lightweight pieces that were written hastily, but closer reading of some of the later works, especially of the novels, shows a skilful psychologist at work with a brilliant story-telling ability and no blunting of his dramatic edge.

Die Unbekannte aus der Seine, Hin und her and *Himmelwärts* were all conceived and begun during the year 1933. Of the three plays only *Hin und her* contains no supernatural element; Horváth called it a 'Posse' or farce, and yet its subject-matter is of the utmost seriousness, now as it was in the thirties. It concerns a man who is trying to move from one country to another and who is accepted neither by the country he wishes to enter nor by the country he is trying to leave. On either side there are bureaucratic objections and he remains throughout the play stuck on the bridge between the two countries – a plight that would be decidedly tragic were it not for the mischievous, inventive cunning displayed by the hapless Havlicek, who eventually succeeds and sings:

> Daß ich das noch durft erleben,
> Daß es solche reine Freuden gibt!
> Plötzlich ist die Grenz gefallen,
> Ich darf mit den anderen allen
> In der alten niegekannten Heimat leben
> Die man ohne Grenzen liebt!

The story of *Die Unbekannte aus der Seine* is that of a squalid murder at house number nine (a number that appears frequently in *Der jüngste Tag* as well) in a quiet town street. The victim is a rather eccentric old man who runs a clock shop; the murderers are known to us from the start, especially one of them, Albert, a young man who is unemployed. His one aim is to steal money in order to re-establish himself in the world of commerce. There is a witness to the crime, the unknown woman of the title; she meets Albert just before he commits the crime and he offers her a rose, which he has stolen, and she sees in this a token of his love. The crime goes unpunished thanks to her suicide (she takes her secret to the grave with her, as Anna does in *Der jüngste Tag*, when Hudetz murders her, only here there is no Day of Judgment

to redress the injustice done and to untie the lies). Fate has
smiled on Albert and it favours him even further by allowing
him to renew his relationship with his former fiancée, Irene
(the Greek word means peace), who runs a florist's shop next
door to number nine. In an epilogue to the play we see a
perfect idyll: Albert is married to Irene, is running a successful business and at last has a child, whose name is Albert.
Thus the crime, unlike the one in *Der jüngste Tag*, not only
remains unpunished but the murderer is seen to live on and
flourish, his conscience as dead as the 'Unbekannte', who
might have brought the truth to light. Only her death-mask
serves to remind him and the audience of his guilty secret, his
guilty conscience: 'Bist du es? – Hm. Ich weiß nicht, es war
damals immer so dunkel, ich hab dich eigentlich nie richtig
gesehen.' (The death-mask of the Inconnue de la Seine was an
item to be found in countless family homes, not to mention
shops, throughout Europe in the earlier years of this century.
It showed a face of remarkable peace and tranquillity, said
to have been taken from a young girl, whose identity was
unknown but who had drowned herself in the Seine.)

Whereas *Die Unbekannte aus der Seine* had dealt with the
closed conscience of a murderer and seems to show that
crime does pay, at least on the surface, *Himmelwärts* shows,
in altogether more optimistic vein, characters who are actually given the chance to undo wrongs that they have committed and to go back and start again with a clean slate. At
the end of the play the Devil himself, bungling incompetent
that he is, looks like being given the chance to reform as well.
It is a work that owes much to the traditions of the Viennese
theatre, especially the works of Raimund and Nestroy (whom
Horváth especially admired), and to the 'Besserungsstück':
a kind of morality play of a humorous nature in which a
character is seen to be improved through his experiences in
the course of the play and to end up as a reformed character.
Horváth's treatment of the theme is most certainly light-
hearted, not to say flippant; it certainly contains a great deal
of verbal as well as visual humour, while never completely

losing sight of the political situation. References to this are however fairly anodyne, and clearly the author was out to avoid any kind of utterances that might antagonize the authorities. The play was written with a three-level split-stage in mind, since the action is set in Heaven, on Earth and in Hell, with a certain amount of more or less playful communication between the three of them. Heaven has a distinctly Viennese flavour to it – Saint Peter's first question to one of his new arrivals is: 'Habens ein angenehmes Sterben ghabt?' – and Hell is a lamentably badly organized establishment where nothing works properly and where all reference to God, grace and angels has to be avoided: hence the Devil is constantly addressed as 'Euer Ungnaden'. This purification of language was of course being carried out on an altogether more serious and sinister level across the border in Germany, where foreign elements were being eradicated not only from the language but from the population.

The main action of the play concerns the life of the sad, neglected singer, Luise Steinthaler, whose immortal soul is fought over by her mother in Heaven and the Devil in Hell below. Her ambitions as a singer are realized, but only by means of a pact with the Devil (and in the Faustian context one might think too of parallels with Klaus Mann's novel *Mephisto*, about the actor who becomes accepted by and acceptable to the Nazis: like so many others in Hitler's Germany, the actor, who is based on a real character, saw his 'pact' as being the only way to survive and possibly to help his friends, but the results are disastrous). At the end of the play, however, the Devil relents, tears up the contract and allows Luise to start again with the prospect of marriage, the pleasures of a simple life and the renunciation of her ambitions as a great artiste. The theme of reconciliation to the simple things, accepting one's lot and trying to 'be good', is extended to the Devil, who is promised that there may even be a place for him in Heaven if he goes on tearing up contracts. Even allowing for the fact that Horváth is likely to have been writing with tongue firmly in cheek, this play is really rather too innocuous, given the political circumstances, even though it does anticipate certain of the themes to be found in *Der jüngste Tag*.

In the two years which followed the writing of these three works, Horváth produced no complete plays, apart from *Mit dem Kopf durch die Wand*, which brought 'die Unbekannte' back to life and caused its author to call the failure that it enjoyed 'eine gerechte Strafe'. He did, however, spend much of his time writing sketches, plans for both novels and plays, and film scripts; it was at this period that the play fragment *Der Lenz ist da* was written, on the theme of education in Nazi Germany, and it shows how the material that appears in the novel *Jugend ohne Gott* was already in Horváth's mind in 1934. By 1936 another three plays were taking shape and for two of these he turned to figures who already had a good literary pedigree: Figaro and Don Juan. His Figaro, as the title, *Figaro läßt sich scheiden*, states, is about to undo the knot that his literary forbear had tied in Beaumarchais' play *Le Mariage de Figaro* (1784). Horváth has set his play in the twentieth century, more precisely in mid-Europe between the two world wars,

> . . . denn die Probleme der Revolution und Emigration sind erstens: zeitlos, und zweitens: in unserer Zeit besonders aktuell. Unter der in dieser Komödie stattfindenden Revolution ist nicht also die große Französische von 1789 gemeint, sondern schlicht nur eine jegliche Revolution . . . In der *Hochzeit des Figaro* [i.e. Beaumarchais' play] wetterleuchtet die nahe Revolution, in *Figaro läßt sich scheiden* wird zwar voraussichtlich nichts wetterleuchten, denn die Menschlichkeit wird von keinen Gewittern begleitet, sie ist nur ein schwaches Licht in der Finsternis. Wollen wir immerhin hoffen, daß kein noch so großer Sturm es erlöschen kann.

Horváth's Figaro is an ingenious, rascally opportunist who is quickly able to adapt his life to the rigours of exile: it is not long before he is running a thriving barber's shop. Again

Horváth is presenting a person who is willing to compromise his principles, partly in order simply to survive but partly also for financial gain. As his wife Susanne says reproachfully in the second act of the play:

> Mein Figaro war der erste, der selbst einem Grafen Almaviva auf der Höhe seiner Macht die Wahrheit ins Gesicht sagte, du wahrst die Form in Großhadersdorf! Du bist ein Spießer, er war ein Weltbürger! Er war ein Mann, und du! (*G. W.* 4, p. 432)

This kind of reproach, implying cowardice in not facing up to people and in not speaking the truth, is something of which many were guilty in Germany in the thirties: again the moral cowardice, the willingness to comply is being shown and attacked, however light-hearted the tone of this play may be.

Horváth's treatment of the hero in *Don Juan kommt aus dem Krieg*, set at the very end of the First World War in Germany, is an altogether much more sombre affair. The play is laden with death from the opening: Don Juan himself is weakened by the effects of an illness that has left him with a severely weakened heart and he is involved in a search that will lead him, quite literally, to the grave.

Horváth's Don Juan is only like his literary forbears in that he has a magnetic appeal for women. He has none of the qualities of the wicked seducer that one finds in his predecessors; indeed he is more the pursued than the pursuer in this play. Women tell him that he will not escape their love; they accuse him of molesting them when he has not so much as touched them; they end up by hounding him for a crime which he has never committed. Don Juan, however, like Hudetz, has committed 'crimes' in the past and he can no longer escape from this past, from the hearts that he had broken before the war, from the guilt towards his fiancée, whom he had treated so cruelly and who had been driven to insanity and then death by the depths of her despair. For all of this he does bear responsibility and he cannot escape from the consequences, however innocent he has become, however

much he may have reformed his character. Guilt attaches to
him for ever and his destiny may be seen as exemplifying that
of many or all of the German people. In Freud's *Civilization
and its Discontents* which appeared in 1929/30, we read:

> As long as things go well with a man, his conscience is
> lenient and lets the ego do all sorts of things; but when
> misfortune befalls him, he searches his soul, acknow-
> ledges his sinfulness, heightens the demands of his con-
> science, imposes abstinences on himself and punishes
> himself with penances.[1]

This is certainly applicable to the figure of Don Juan in
Horváth's play: before the war he had, by all accounts, lived
up to the reputation usually associated with his name; after
the national disaster of the war and the personal disaster of
his illness he is a penitent searching to make good the wrong
he has done by marrying the girl he had abandoned. It is too
late and his search for her, for perfection, for 'etwas, was es
auf Erden nicht gibt' (*G.W.* 2, p. 592), becomes a search for
death. At the end of the play he sits alone in a graveyard and
freezes to death in the snow.

The last play that Horváth ever wrote, *Pompeji*, is the
story of the eruption of Vesuvius and the way in which this
catastrophe leads to religious conversion. As in *Der jüngste
Tag*, there is a particularly strong sense of guilt and of the
awareness of individual responsibility, thus one of the characters actually says towards the end of the play: 'Kein Mensch
ist unschuldig' (*G.W.* 4, p. 634). Horváth did some radical
rewriting of his play and the change of emphasis strongly
suggests that he intended the Christian message to come
across clearly: the last words of the play are spoken by Saint
Paul: 'Redet doch nicht so viel, Gott hört Euch auch, wenn
Ihr schweigt' (*G.W.* 4, p. 645).

Once Horváth abandoned writing for the stage completely
and turned to the novel, the direction of his work became
even more overt in its treatment of guilt, responsibility and

the Christian response. In the very title of the first novel he wrote at this time, *Jugend ohne Gott*, the theme of God is introduced. Interestingly he opted for this title instead of various others where the emphasis was more on the social and political themes in the novel. Since this novel invites a certain number of comparisons with *Der jüngste Tag* and since both works seem to have definite bearing on Horváth's life at this time, they are treated here in a separate section.

Horváth's last complete work was another novel, again a first-person narration like *Jugend ohne Gott*, and its title *Ein Kind unserer Zeit* was adapted by Traugott Krischke for his detailed and intriguing biography of Ödön von Horváth.[2] The phrase is as appropriate to the novel, a brilliant, sensitive and sympathetic analysis of the common man drawn unwittingly into a belief in Fascism, as to the biography, which shows Horváth himself as the product and victim of his own time.

Ein Kind unserer Zeit again contains a crime and a 'conversion', since the soldier-narrator makes an even more dramatic volte-face than the teacher in *Jugend ohne Gott*. Once the soldier becomes disabused of his Fascist sympathies he goes out to meet his death in the snow, with an appeal to future generations not to forget:

> Es sitzt ein Schneemann auf der Bank, er ist Soldat.
> Und du, du wirst größer werden und wirst den Soldaten vergessen.
> Oder?
> Vergiß ihn nicht, vergiß ihn nicht!
> Denn er gab seinen Arm für einen Dreck.
> Und wenn du ganz groß sein wirst, dann wirds vielleicht andere Tage geben, und deine Kinder werden dir sagen:
> dieser Soldat war ja ein gemeiner Mörder – dann schimpf nicht auf mich.
> Bedenk es doch: er wußte sich nicht anders zu helfen, er war eben ein Kind seiner Zeit.   (*G.W.* 6, pp. 514–15)

Horváth's enthusiasm for this form of novel-writing, using

a first-person narrator, was very much apparent to his friends, one of whom had to persuade him to go back and correct the first draft of *Jugend ohne Gott*: Horváth was eager to move on to the next novel without delay. After *Ein Kind unserer Zeit*, he was already working on a new project where the narrator was to be, like Horváth, a writer; in the notes that he left there are even suggestions that this work, *Adieu Europa*, was to have been highly autobiographical.[3] Horváth did, apparently, intend to leave Europe but, while friends and fellow-writers were incarcerated in concentration camps, committed suicide, were murdered or fled to distant parts of the world, he met the most bizarre end, felled by a tree on the Champs Elysées in Paris. In the pocket of his raincoat was found a poem, scribbled on the back of a cigarette packet:

> Und die Leute werden sagen
> In fernen blauen Tagen
> Wird es einmal recht
> Was falsch ist und was echt.
>
> Was falsch ist, wird verkommen
> Obwohl es heut regiert,
> Was echt ist, das soll kommen –
> Obwohl es heut krepiert.

DER JÜNGSTE TAG

Erstes Bild

This play, like several others that Horváth wrote, is divided
not into the traditional acts and scenes, but into seven Bilder
or tableaux. It is nine o'clock on a spring evening. This first
reference to time is important and there will be both thematic
and symbolic significance in the number nine as the play
develops. The railway-station – it has no name – is more
than a little reminiscent of Dürrenmatt's station in Güllen at
the opening of his play *Der Besuch der alten Dame*;[4] in both
cases the stage-directions have interesting similarities and
suggest run-down villages in the grip of economic crisis. In
each play a train's arrival is awaited. The first sound mentioned in the stage directions is the Läutwerk announcing the
arrival of a train and, like the time, the ringing of this bell will
gain in significance as the play develops. The ordinary people
who are waiting for the train are typical Kleinbürger, as
indeed are the characters in almost every one of Horváth's
plays: a travelling salesman, a forester, the wife of the local
Bäckermeister, Frau Leimgruber, who is the local gossip and
vox populi, and Thomas Hudetz (the name is a very
common Czech one, like Smith or Miller, and so lends the
Stationsvorstand a kind of Everyman aspect; it also accounts

perhaps for the fact that his brother-in-law is also called Hudetz. This may of course simply be an oversight on Horváth's part). Hudetz is seen but not heard during the opening scene: he is busily performing his duties, to the accompaniment of Frau Leimgruber's praises, praises which suggest that her interest in him is distinctly more in the man than in the dutiful official. 'Ein selten strammer Mensch' and 'vernagelt die Kisten' are both phrases that suggest a scarcely veiled reference to his sexuality. Frau Leimgruber represents popular opinion, and her attitude towards Hudetz is clearly not hers alone, as we see and hear when Anna arrives. The Vertreter, who is an outsider and shows impatience with the people of this village and their resigned acceptance of trains that run late, has not done much business here; Anna is the only person who has bought any of his beauty products and she is not allowed, or at least not encouraged, to wear them by her jealous fiancé, the butcher Ferdinand. In an earlier version Horváth had had Ferdinand referring to this in the final Bild of the play:

> Immer hab ich das arme Annerl mit meiner sinnlosen Eifersucht verfolgt und habs nicht haben wollen, daß sie schöner wird, damit sie keinem anderen gefällt, und drum hab ichs ihr auch verboten, daß sie sich eine Creme kauft, obwohl sie mir eingecremt besser gefallen hat. . . .

The first occasion on which Horváth uses the stage direction 'Stille' in this play (it is one of the commonest directions to be found in his plays and is designed to allow the characters, and the audience, to ponder for a moment on the significance of what has just been said, to consider the truth of a statement, or to show up the difference between thoughts, utterances and actions) comes when the number of inhabitants in the village has been mentioned: 2364. As Meinrad Vögele has pointed out in his excellent detailed study[5] of the play, the last three digits form the number of days in a year minus one, thereby suggesting a direct relation to the play's title.

The comments on Anna before her appearance show a

considerable range of opinions. For the Vertreter she is a
'halbes Kind', while for the Waldarbeiter 'die hats faustdick
hinter den Ohren', i.e. she's no innocent little lamb; for Frau
Leimgruber she is 'die personifizierte Unschuld in persona'.
This is the first time that the word 'Unschuld' is mentioned in
the play, although it will soon be heard again on Frau
Leimgruber's lips when she is talking of Hudetz. Just like
Adam and Eve before the Fall, so here Anna and Hudetz are
held up as models of innocence, at least by Frau Leimgruber.
This parallel will take on a particular significance in the last
Bild of the play.

The exposition of characters in the Erstes Bild contrives to
show us people through the eyes of Frau Leimgruber, who
may be seen as a kind of travesty of the Chorus in Greek
tragedy, guiding our thoughts and opinions, pointing out the
good and the bad, as when she comments on Frau Hudetz
and her brother: '(gehässig): Brüderlein und Schwesterlein,
die passen prima zusammen.' Here her malicious tongue is
setting these two apart as a couple of social outcasts who
have never really belonged in the village.

The drama proper begins only when the train has departed,
leaving Anna and Hudetz alone on the railway station.
Nevertheless, Anna reminds us that Frau Hudetz's jealous
eye is watching the scene from her window. Tensions and
jealousies have been set up and the tragic machine is set in
motion by Anna's kiss.

Zweites Bild

As a result of Hudetz's failure to give the signal on time there
has been a terrible accident: eighteen people have lost their
lives and many more have been injured. As at the scene of
any catastrophe a large group of spectators has formed.
Horváth calls them 'Schaulustige' and they are reminiscent
of the crowds outside the courtroom in his novel *Jugend
ohne Gott*, who are 'geil auf Katastrophen, von denen sie
kein Kind bekommen konnten'. The Wirt's 'Sowas sieht man

nicht alle Tag –' unwittingly betrays the morbid fascination
with death and disaster that is endemic in human beings.
Horváth spoke of this instinct in a 1932 radio interview and
his utterances provide an interesting pendant to the Aristote-
lian concept of 'catharsis' (through which the emotions of an
audience are purged by means of the powerful feelings of
fear and pity that are aroused in them at the experience of
tragedy):

> Es ist Ihnen vielleicht schon aufgefallen, daß fast alle
> Stücke irgendein kriminelles Moment aufweisen – ja: daß
> die weitaus überwiegende Zahl aller Dramenhelden bis zu
> den Statisten sich irgendeines Verbrechens schuldig
> machen, also keine ausgesprochenen Ehrenmänner sind.
> Es ist doch eine sonderbare Tatsache, daß sich Leute einen
> Platz kaufen und ins Theater gehen und sich schön
> anziehen und parfümieren, um dann auf der Bühne mehr
> oder minder ehrenrührigen Dingen zu lauschen oder
> zuzuschauen, wie einer oder auch zwei umgebracht
> werden, – und hernach das Theater verlassen und zwar in
> einer weihevollen Stimmung, ethisch erregt. Was geht in
> dem einzelnen Zuschauer vor? Folgendes: seine scheinbare
> Antipathie gegen die kriminellen Geschehnisse auf der
> Bühne ist keine wahre Empörung, sondern eigentlich ein
> Mitmachen, ein Miterleben und, durch dieses Miterleben
> ausgelöst, Befriedigung asozialer Triebe. Der Zuschauer
> ist also gewissermaßen über sich selbst empört. Man nennt
> diesen Zustand Erbauung.   (*G.W.* 1, p. 14)

If one reads the popular press any day of the week, but
especially if some more than usually gruesome crime has
been committed, then one must conclude that it is not only
theatre-goers who enjoy vicarious participation in tragedies
and disasters.

The landlord of the Gasthof zum Wilden Mann and his
barmaid Leni are the 'Schaulustige' whose questions about
the crash open this scene. As in later scenes the lighting is
dominated by the colour of the train signals – here 'es

leuchtet rot' – and it is important to look at the changes in the colour, since there is clear symbolic significance attaching to these colours, especially in the Siebentes Bild. Other details worthy of note are the cold – 'Alles fröstelt' – and the small black table with a lamp on it that appears almost like an altar in this open landscape. Again and again in his later works Horváth uses cold as a motif to illustrate the emotional winter coming over Germany. Twice he actually uses the image of a snowman, once at the end of his play *Don Juan kommt aus dem Krieg* and once at the end of his last work, the novel *Ein Kind unserer Zeit*. Against this picture of chill and devastation Horváth nevertheless manages to introduce an almost humorous element: Kohut, the train's stoker, is more concerned with his own importance than with the consequences of the crash. Although he is important, as the sole survivor from the driving-cab, he is considerably less important than he himself imagines and is rebuked by the Staatsanwalt for the irrelevance of his testimony, a testimony which is of limited value since he was, as he admits, standing 'mit dem Rücken zur Fahrtrichtung'. It is more the cunning way in which the Staatsanwalt uses this testimony which proves revealing, as when he says to Hudetz: 'Und dieser Heizer hat uns bereits äußerst instruktive Tatsachen mitgeteilt, Tatsachen, die Ihnen garantiert keine reine Freude bereiten werden.' At this Hudetz understandably becomes 'unsicher'. The Staatsanwalt is a fascinating character, anticipating the President of the Juvenile Court in *Jugend ohne Gott*, who is described as a 'freundlicher Großpapa'. They are both good psychologists and know how to elicit information by alternating between the brutal and the paternal. The stage directions illustrate this: 'leise, jedoch eindringlich' – 'droht ihm mit dem Zeigefinger' – 'schreit ihn plötzlich an' – 'plötzlich väterlich' – 'ironisch'. To begin with, at least, he seems far from impartial: indeed he would appear to be convinced of Hudetz's guilt. Surely this is not the correct standpoint for a Public Prosecutor, certainly not at this early stage in the proceedings. Perhaps it is because Horváth wants to show us

the man's skill and intuition, since we already know that
Hudetz is indeed responsible for the missed signal. In an
earlier version of the play, Horváth clearly intended to show
the Staatsanwalt as a larger-than-life character since he
appeared in the Siebentes Bild as the 'Staatsanwalt von
drüben'. By the end of the Zweites Bild, however, he has
changed his tone and is obviously on the side of the locals
against Frau Hudetz: 'So leid es mir tut, Herr Hudetz, muß ich
Sie auf Grund der belastenden Aussage Ihrer Gattin in Haft
nehmen.' In this scene the nexus of lies and deceit that runs
through the play begins to become well entangled: Hudetz
conceals the truth by remaining silent, Anna tells a completely false story, even the Staatsanwalt lies in what he says
about the stoker, Josef Kohut, Frau Hudetz lies initially in
claiming that she was asleep and therefore saw nothing,
Anna commits perjury and then, when Frau Hudetz *does* tell
the truth, in an explosion of jealousy and resentment rather
than out of any love for the truth, no one is prepared to
believe her. The thematic resonance of the symbols of light
and darkness is then given a new twist by the Staatsanwalt's
use of the old saying 'Die Sonne dürfte es dann wohl an den
Tag bringen bei der Verhandlung'. This comes from a ballad
by Adalbert von Chamisso (1781–1838) entitled *Die Sonne
bringt es an den Tag*. This is the story of a man who eventually
confesses to his wife that he had murdered an old Jew to steal
his money; his wife then spreads this story around and her
husband is executed for his crime of some twenty years previously. The ballad's last line is: 'Die Sonne bracht es an den
Tag.'

Drittes Bild

It is now autumn, the cold season is approaching, but the sun
is shining to remind us of the Staatsanwalt's last statement. A
celebration is being prepared for the Stationsvorstand who
has been released from custody, 'freigesprochen' (this word
was the original title that Horváth gave the play, before he

opted for the more symbolic and clearly biblical one that it now has). The Gast, another outsider, like Ferdinand and the Vertreter seen in the Erstes Bild, is impatiently awaiting his beer. Like the other two he is very aware of time: it is as if the inhabitants of this forsaken village are totally unaware of time, while the visitors to it are very much involved in the business of hurrying to catch trains and keep appointments in the real world outside. The village, like the village of Vineta, in the play of the same name by Jura Soyfer, is cut off from the outside world.[6] The way in which these people select and subsequently reject their heroes (e.g. Thomas Hudetz) shows both a fidelity based on nothing more substantial than a common dislike of the man's wife and a fickleness that causes their opinions to change when the wind changes. This mentality is of course a paradigm for what occurs at a national level.

The Wirt's appearance gives a good example of double standards: the obsequiousness of his apology to the Gast and the violent manner in which he speaks to Leni, his employee. The inconsequential, almost bestial behaviour of this man is comically illustrated when he stands a few moments later looking up her skirt as she is on the ladder, having to listen to his sententious utterances while she does the work. Comic too is Leni's ambivalent 'Es denkt halt jeder an etwas anderes'. The irony of her next statement 'Das hält ewig' after she has attached the Willkommen sign will become apparent later. Leni, like Frau Leimgruber, is clearly attracted to Hudetz, 'Er hat schon etwas Bestimmtes', but sees no chance of him being interested in her, in spite of the Wirt's teasing comments. Butcher Ferdinard bursts in and again the impression of a different sense of time is created: the stage direction says 'kommt rasch' and the fact that he has arrived on a motor-bike again adds to the feeling of urgency. Ferdinand talks about the cattle-market and there is an unwitting parallel drawn by him between Anna and an ox. Women are often talked about and treated as animals by the men in Horváth's plays; there is a great deal of rather sordid male solidarity and little real concern for women who are oppressed or unhappy. So here the Wirt talks of his daughter's impending marriage to Ferdinand more as a way of keeping the inn in the family than as a potential source of happiness for her. When Anna appears, attired in the white robe of innocence, she clearly feels uneasy, her conscience is beginning to trouble her, while her father and Ferdinand study the newspaper report of her testimony at the trial, with the characteristic belief of such people (of most people perhaps) in the veracity of the printed word.

'Die Sonne verschwindet, es dämmert rasch', as the joyful procession arrives at the inn, reminding once again of the Staatsanwalt's words and contrasting sharply with the general mood of euphoria that accompanies Hudetz's return. As in many of Horváth's plays – one thinks especially of the engagement party in *Geschichten aus dem Wiener Wald* and of the republican celebration of their 'Italienische Nacht' in the play of that title – there is a speech followed by a poem and then a song. In each case innocence and purity, harmony and happiness, are conjured up in circumstances where they are less than appropriate. The speech made here by the Wirt is, like those in the other plays mentioned, a masterful touch, interlarded with ironies of which the speaker is not aware. God, Heaven, Truth, Justice, Innocence, Fate are all invoked in this travesty of truth and Hudetz himself adds to this by calling Anna 'mein rettender Engel' (in another ironic twist Anna may be said to become just this, in respect of saving Hudetz's soul). Once the dancing starts, characters are seen in pairs, Alfons with Leni, who stresses to him the violence of people's reaction to him and to his sister: '. . . die trinken da drinnen und schlagen dich blutig'; then Anna and Hudetz, alone together for the first time since they had been on the station in the Erstes Bild, now arranging to meet, at nine, beneath the viaduct; then Hudetz and Alfons, between whom a strange empathy seems to have developed. Finally we see the unleashed violence of the Wirt, the Waldarbeiter, Ferdinand and, inevitably, Frau Leimgruber. These people represent the pack, baying for blood. They will be seen again, but it will be another man's blood that they are after on the next occasion.

Viertes Bild

This central Bild contains the most important encounter in the play. It is set in darkness; the moon, not the sun, sheds eerie light on the pillars of the viaduct; both place and time and the Gendarm serve to recall the opening of the Zweites Bild. Their conversation about darkness and 'lichtscheues Gesindel' also picks up the idea of evil deeds concealed, while the Gendarm's sympathetic understanding of Hudetz's insomnia and talk of his own form an ironic comment on his earlier pronouncement: 'Ein reines Gewissen ist ein sanftes Ruhekissen.'

After the policeman goes on his way, first the railway signal-bell is heard – 'ähnlich dem Läutwerk im Bahnhof' – and then the church clock strikes nine, thus re-creating the situation immediately preceding the accident. A train, once again an express, rumbles over the viaduct as they begin their conversation. While Hudetz talks of duty and responsibility and unconditional discharge, justifying his behaviour at every turn, Anna talks increasingly like his own uneasy conscience, indeed she threatens to ruin everything by bringing the truth to the light of day, something which Hudetz seeks to avoid at any cost. Anna is not just a vital witness and a possible cause of his downfall; he is fascinated by her, the feelings that he has repressed for so long finally come to the surface in this scene and he admits that he is attracted towards her. What had previously expressed itself in threats to hit her, to beat her, to be violent towards her now takes on an overtly sexual tone: in the final moments of this Bild they talk and then embrace like lovers who have only just come to the realization that this is what they have really wanted all along.

Fünftes Bild

It is three days later that Anna's body is found, three days after what Hudetz is to call his 'engagement' to her. The parallel with Christ's Resurrection, three days after His Crucifixion, is unmistakable and deliberate on Horváth's part, as are so many other biblical parallels and echoes in the play. The setting for the Fünftes Bild is that of the celebration in the Drittes Bild, marking Hudetz's triumphal return. The green of the Tannengrün has gone, there is rain instead of sunshine and Hudetz drinks red wine, picking up the colour of the signal and suggesting the spilling of blood.

Leni, performing the role of the gossip that was Frau Leimgruber's in the Erstes Bild, tells us what has happened in the community since Anna's disappearance. Once again Ferdinand and the Wirt have been talking about Anna (as they did in the Drittes Bild when talking of the impending marriage) and about the reward to be given for finding her, as if she were some object to be haggled over before fixing a price. Not without good reason she describes people as 'wetterwendisch'. When she says, hearing the church clock, 'Die Stunden gehen', she anticipates the word from the verse that is to be written on the back of Anna's Sterbebildchen. Leni has already said that she thinks Anna is no longer alive and much of what she says seems to suggest more than just an intuition that something terrible has happened. She speaks softly and leans close to Hudetz, again suggesting perhaps a voice of conscience that should be coming from within him. Hudetz's reactions to all this, as indicated in the stage directions, show just how uneasy he is and his laughter at what is in fact the truth is preceded and followed by a 'Stille' while he and we realize that he is trapped. Only another lie, another protestation of innocence, his catch-phrase, 'Ich war immer ein pflichttreuer Beamter', can momentarily save him. It is an appropriate moment for the Gendarm to arrive and he too has a very different attitude towards Hudetz from the one he had shown down by the viaduct. Hudetz realizes that the net is being drawn in around him and his last words in this Bild are as close as he comes at this stage to an admission of what he has done. With them the motif of love and death is made explicit.

Sechstes Bild

Frau Leimgruber, as if to prove how 'wetterwendisch' people are, is enthusiastically giving Alfons an account of Anna's funeral. People enjoy a good catastrophe and for the local gossip the event was 'großartig'. It is clear that she enjoyed herself and all the photographs that she has suggest a joyous event rather than a tragic funeral. Just as there was a crowd at the time of the Eisenbahnunglück so too at the funeral there was a good turn-out. Once again Frau Leimgruber may be seen to represent popular opinion while the more reflective Alfons is responding less than keenly to her blandishments. After what she has said about him and his sister previously this attitude is not hard to understand.

Her version of the events preceding the train crash is reminiscent of the most tendentious kind of newspaper reporting in the gutter press, while her complete volte-face as far as Hudetz is concerned still suggests sexual jealousy – 'vergewaltigen hat er sie wollen' – and a total inability to admit that *she* has made even the slightest error of judgement. In comparison Alfons Hudetz begins to seem like a paragon of virtue and level-headedness; certainly Horváth intended him to be the most intelligent character in the play as well as the most generous, in spite of his one lapse.

In the following part of the Sechstes Bild Alfons is seen patiently replying to his sister's embittered, neurotic pronouncements and questions. Once again he shows considerable insight and a remarkable lack of desire to reply aggressively to her provocations, especially when she begins to impugn his virility, just as she had her husband's at the end of the Zweites Bild. To her husband she had said: 'Du bist doch kein Mann!' and to her brother: 'Was weißt du von uns Frauen! Dich mag ja keine –' It is in all probability her own lack of sexual appeal, and the fact that she knows it, which drives her to make such statements. One of the most dramatic touches in the play comes just as Alfons is expounding his view that 'Das hängt alles zusammen', referring to his sister's expressed desire to kill Hudetz, the fateful kiss, the missed signal, the train crash and Anna's death. There is a knock at the door and a rather bedraggled but still uniformed Hudetz comes in. Roles have been very much reversed: previously Alfons and his sister had been the pariahs, hounded out by the local populace, now Thomas Hudetz has become the quarry.

Initially Thomas wants to have a civilian suit in order to escape but, although the generous Alfons is prepared to give it to him, he declines the offer, largely as a result of what Alfons has said to him. Alfons' exhortation to Hudetz, 'Geh lieber in dich!' echoes the words used by the Staatsanwalt; his desire not to read what the popular press has written about the trial shows his wish to find peace and not scandal; he has grown in spiritual stature, perhaps because he has suffered. His brother-in-law seems also to develop in this scene: he explains what he meant by 'verlobt' and admits what he did and for the first time in the play smiles ironically at his own catch-phrase, 'wie ein pflichtgetreuer Beamter', and then, even more important, for the first time in the play the stage direction states: 'Er denkt nach und faßt sich langsam an den Kopf'; previously he has always spoken without thinking. Now he wants to understand, to know himself better, now he remembers Anna's words to him and sees what they meant, that only in committing a murder would he make himself fully aware of his responsibility for the crash and the loss of life: the specific has made him conscious of his part in the more general disaster. Now he can be punished for what he has done.

In the brief verse printed on the Sterbebildchen he is brought to another level of awareness and, as the play's title is mentioned, the idea of justice and judgment moves onto an altogether more spiritual plane. For the second time in the

play the stage direction states that 'Hudetz . . . nachdenkt'
before leaving, without the suit that would have facilitated
his flight.

Siebentes Bild

The final Bild of the play is the only one which underwent
extensive revising and rewriting. There are some forty sheets
of variants and earlier versions of it[7] and these lend weight to
the view that Horváth had difficulties in deciding how to
make the bridge between the first six Bilder and the supernatural. This final version, while strongly stressing the religious symbolism, omits much of the less subtle dialogue,
notably Hudetz's interrogation by the 'Staatsanwalt von
drüben', to be found in earlier versions. Here much more is
left implicit.

The setting is the same as for the Zweites Bild, but now
there is not even the light of the moon: 'Es ist tiefe Nacht.'
The same train is expected, Eilzug 405 (once again giving the
number nine 4 + 5) and it is again about nine o'clock. In this
way the first, second, fourth and seventh Bilder of the play
are thematically linked. From the Gospels of Mark, Matthew
and Luke it is clear that the choice of hour for these scenes is
no coincidence. A few verses from Matthew 27 will illustrate
this:

45 Now from the sixth hour there was darkness over
   all the land unto the ninth hour.
46 And about the ninth hour Jesus cried with a loud
   voice . . . 'My God! my God! why hast thou forsaken
   me?
50 Jesus, when he had cried again with a loud voice,
   yielded up the ghost.
52 And the graves were opened; and many bodies of
   the saints which slept arose.

As is often the case in Horváth's plays (and in human
life!) a drunken character betrays his true nature: *in vino*

veritas. The butcher, whom Frau Leimgruber had described as a gentle giant, is seen here as a selfish, lachrymose brute, whose sole concern is revenge and whose sole emotion is self-pity. Only when, in alcoholic remorse, he calls himself 'ein schlechter Mensch, ein miserabler Charakter', does Ferdinand come near the truth. By contrast, Alfons appears once more as the most reasonable and most intelligent character in the play, who would like to help both Hudetz and the cause of justice.

The appearance of the dead is announced dramatically by the change of the signal to red, the only fixed lighting that is indicated for this Bild. Apart from their appearance – they are faceless – these ghosts talk and behave in a remarkably 'earthly' fashion. It is as if Horváth wanted to overcome the problem of their presentation by giving them all-too-human attributes, thereby making them comic as well as sinister, indeed grotesque:[8] cigarette-smoking, beer-drinking, card-playing. But these men are clearly not messengers from Heaven, they seem rather to have come from the other place, where it is 'immer Nacht', in order to lure Hudetz to join them by way of revenge. They too must have been men who bore guilt while they were on earth, but were unwilling to accept their responsibility, just as Hudetz had been. It is significant that they, and Anna, appear only to Hudetz – the other characters are conveniently off-stage when they come on – so that they may also be seen as personifications of the 'innere Stimmen' which have played such an important role throughout. When Anna comes there begins a tussle between the two factions: Anna, who wants Hudetz to stay alive and face the consequences of admitting his guilt, and Pokorny and the Streckengeher, who wish him to commit suicide – the coward's way out here – and to join them in their damnation.

It is only after Anna and Hudetz have faced one another as Adam and Eve and 'relived' the Fall of Man that Hudetz comes finally to weigh up the choices which are open to him. Perhaps it is not until Anna's admission, 'Oh glaub es mir, es

ist furchtbar, wo wir hier sind!' that he finally takes the
decision towards which he has been tending since the end of
the Sechstes Bild when he refused the suit. Once more the
idea of the 'innere Stimme' is picked up, since Anna's last
words before the dead disappear and the living return to the
scene, are the first spoken by Hudetz: 'Herr Inspektor'. She
it is who has brought him to give himself up. For the first time
in the play Hudetz now uses a verb that shows he has been
reflecting: 'Ich habe mirs nämlich überlegt.' He has come to
self-knowledge and is ready to accept the judgment that will
be passed on him, both by men and by God.

GUILT AND RESPONSIBILITY IN
DER JÜNGSTE TAG AND *JUGEND OHNE GOTT*

Horváth's brilliant and widely-acclaimed novel *Jugend
ohne Gott* was translated into no fewer than eight languages
the same year that it was published. All but a handful of the
characters in the novel have no names but are referred to by
one initial or by their trade or profession, thus the narrator
and main protagonist is called throughout 'der Lehrer'. This
device, which has the effect of making the novel a work
which is not limited to a specific place, is clearly not intended
to make the obvious parallels with Hitler's Germany any the
less trenchant, but it does mean that Horváth realized that
such political systems had already existed and would exist
again, in other totalitarian countries. In this he was not
wrong.
    The story is that of a 34-year-old teacher in a state-run
Gymnasium whose subjects are History and Geography. In
the early chapters of the novel he is seen to be a man with a
liberal conscience who none the less goes along with the pre-
vailing political ideology in order to keep his job, even if he
does occasionally make some rather mild utterance to his
pupils that betrays his 'liberalism' in matters such as racism,
where he opines that 'Neger sind doch auch Menschen'. Such
comments earn him the suspicion of pupils and parents alike;

they indicate an unhealthy deviation from the racial politics dictated by the state.

The story proper begins when the teacher, on orders from the educational authorities, takes his class on an Easter camp, designed less as a holiday than as a kind of pre-military training for 14-year-olds. One of his pupils, Z, meets a local girl, Eva, who lives in the open and keeps alive by stealing with her gang, and he has a love affair with her. The teacher finds out about this when he secretly reads Z's diary. He then begins to keep watch on the two, justifying it to himself as being part of his pastoral duty. It soon becomes apparent that his interest in the amorous encounters of the two young people has more to do with his prurience than anything else; he takes no action but just watches. Once Z realizes that someone has broken into the box where he kept his diary he is furious and his suspicions fall on a fellow-pupil, N, since the teacher chooses to keep silent. N fails to return from a march that the boys go on and is later found murdered; Z admits that he killed N. The teacher feels that he too is to blame and determines at the court hearing to admit that he has been lying. This he does because he has heard the voice of God telling him to confess what he knows, even if it does mean that he will lose his job. As a result of his testimony Eva also decides to tell the truth and announces that Z was not the murderer but an unknown youth who had appeared on the dark night when the teacher had watched her and Z at their amorous activities. Now the girl becomes the prime suspect, since Z had only lied in order, as he thought, to protect her. The teacher begins to suspect a third pupil, T, whose appearance seems to correspond to Eva's description of the unknown boy (here too, as in *Der jüngste Tag*, the President of the juvenile court uses the phrase 'der große Unbekannte'). The teacher comes into contact with a group of pupils who do not accept the party line laid down to them at school. Their motto is 'für Wahrheit und Gerechtigkeit', ideals that may well be reminiscent of *Der jüngste Tag*. These pupils help the teacher in his search to trap the real murderer.

This fails since T commits suicide before he can be caught. He realizes that the teacher had seen that he was the guilty party and prefers this way out rather than facing up to that 'irdische Gerechtigkeit' to which Hudetz has the courage to submit himself at the end of *Der jüngste Tag*. The novel ends with the teacher's departure to Africa where he will work in a mission school teaching the Neger he had defended against his pupils', and the state's, racial hostility. The last sentence uses his nickname amongst his pupils to associate him with the racial outcasts and inferiors: 'Der Neger fährt zu den Negern.'

That Horváth should choose a teacher as his narrator is surely no coincidence: the didactic role of the writer, also his role as an observer, can clearly be seen in this figure. In *Der jüngste Tag* the Vorstand, Thomas Hudetz – and the word Vorstand suggests in its meaning a board of governors, a director, as well as the more obvious 'station-master' – is the man who gives the signals, or rather in this plays *fails* to give the signal, that would have averted the catastrophe. It is again perhaps not too fanciful to read something of the writer's role into this: he is the man who should give warnings, directions, signals. Both of these men fail in their respective tasks; both lie subsequently from less than honourable motives; both men win through to self-awareness and to a sense of personal responsibility for what has happened and both may therefore be said to grow in moral stature because of this. In each work truth is concealed from a very early stage, not just one small but significant detail – the missed signal and the broken diary-box – but truth about the characters and their relationships, their emotions, their loyalties. For this reason Horváth is able gradually to unveil a whole system, a vast network of mendacity, half-truth, compromise, and self-deception, in which almost every one of the characters is somehow involved. When just one of them is prepared to stand up and face the truth about him or herself and what he or she has done, then others are likely to follow suit. 'Dummheit' and 'Lüge' can be replaced by 'Wahrheit' and 'Gerechtigkeit', given the courage and perhaps the inspiration, whether this comes from God, the example of others or self-recognition. The words themselves may be simple, but the moral and ethical implications behind them require more commitment than is to be found in most individuals, governments and nations.

While a bad symbol will be painfully obvious to even the most slow-witted reader or spectator, the skilled writer will be able to make his symbols valid at surface level and also give them a deeper underlying significance. Thus it is with Horváth's two main characters, teacher and station-master: both are utterly convincing in their allotted positions and it is only subsequently that we may see them as representing more than just two state employees. Thus it is too with the train crash in *Der jüngste Tag*: people are killed in this accident and the train noises that fill the ears of the audience in both the Erstes Bild and the Siebentes Bild do not yell the word 'symbol'. On closer reading of the play, however, this appalling disaster, which happened about the ninth hour, the time when Christ is said in the Gospels to have died on the Cross, may be likened to the political catastrophe which happened in Germany in 1933 with Hitler's Machtergreifung. Hudetz's failure to give the signal may be seen as the embodiment of Horváth's own feeling that he too has failed to give sufficient warning against the imminent threat that menaced Germany in the early thirties. Moreover, Horváth's continued presence in Germany, his membership of the Nazi-approved Reichsverband deutscher Schriftsteller, may be likened to Hudetz's complicity with the lie that Anna tells when cross-examined. In *Jugend ohne Gott* the teacher is shown as an observer, and of course as a narrator, i.e. a writer, who watches events happen and then describes them. When the fish-like T, the real murderer, is found dead, the teacher is happy because it is as if that aspect of himself – the cold observer – has died. Again it would seem that Horváth is implicitly criticizing his own voyeuristic position in the earlier plays that he had written. As he himself said, he was 'ein treuer Chronist [seiner] Zeit'; only after 1933 did he begin to write works where the individual and the problems of his conscience come to the fore. The box containing the diary cannot be shut again once the teacher has opened it: it takes on the significance of a Pandora's box from which evil emerges and, try as he might, the teacher is no longer able to put the lid on the horrors that *he* has unleashed, at least not until he has recognized and admitted his own complicity in them. This may also be seen as Horváth's own position in relation to the horrors of Nazi Germany; the way to a redemption of sorts is well summed up in a letter written to him in the spring of 1937 by his close friend, the Catholic writer Franz Theodor Csokor:

> Ich kannte Dich damals[9] nur aus Deinen frühen erbitterten, höhnischen, doch von einem glühenden Begehren nach Gerechtigkeit hungernden Stücken. Nicht abbringen wollte ich Dich von einem solchen Weg, nur Dir zeigen, daß der Mensch bei aller seiner Niedrigkeit zur Wandlung fähig ist und daß er, wenn ihm dieser Drang bewußt wird, sich nicht widerstehen möge, ja, daß er danach trachten soll, sich aus seiner Verstocktheit zu erlösen durch die Erkenntis seiner Schuld. Du hast diesen Weg gesucht seit Deinem Stück *Der jüngste Tag* bis zu Deinem jüngsten Buche *Jugend ohne Gott* – vielleicht bist Du darin schon weiter gekommen als ich, der Dich dorthin gewiesen hat?

In each of these works there is an interrogation scene which is of central importance in establishing the truth: unpleasant questions are asked and these relate to far more than the immediate events surrounding the crimes. The Staatsanwalt in *Der jüngste Tag* and the Präsident des Jugendgerichthofes in *Jugend ohne Gott* are both probing as much for the sake of trying to make characters recognize their real motives and accept the truth about themselves, as for the more limited purpose of finding out the the truth about the crimes they are investigating. Such statements as 'Gehen Sie in sich Thomas Hudetz' and 'Erleichterns doch gefälligst Ihr Gewissen' (Zweites Bild, p. 23) would sound just as probable, if not more so, from the lips of a priest hearing a confession.

Religious references abound in these two works, as their very titles suggest. The chapter headings in *Jugend ohne Gott* also indicate thematic parallels with *Der jüngste Tag*, of which the following may serve as examples: 'Adam und Eva', 'Verurteilt', 'Der letzte Tag', 'Vertrieben aus dem Paradies'. There are also clear references in the novel to the Crucifixion, to the ninth hour at which Christ died, as well as a direct quotation from Matthew 27:51. In these two late works Horváth has gone out of his way to explore the deepest origins of guilt in man, the kind of guilt that is formulated as follows by Friedrich Hebbel:

> Diese Schuld ist eine uranfängliche, von dem Begriff des Menschen nicht zu trennende und kaum in sein Bewußtsein fallende, sie ist mit dem Leben selbst gesetzt.[10]

Horváth was writing at a time and in the language of a country that had good reason to analyse its responsibility for what was happening. Horváth also had personal reasons for examining his own guilt and responsibilities as a writer, but both the novel and the play have moral implications that go far beyond the immediate circumstances in which they were written, as well as being brilliant works for their time and of their time. That *Der jüngste Tag* should have been the first of Horváth's works to be performed after the Second World War, almost eight years to the day after its première in Mährisch-Ostrau, is a tribute to the friends of the author, Alfred Ibach and Rudolf Steinboeck, who were determined to see that Horváth's work should continue to live on after his death. That the play was such a success, even then, is both a tribute to them and to the power of *Der jüngste Tag*.

In 1980 Giselher Klebe's opera of *Der jüngste Tag* received its first performance at the Nationaltheater in Mannheim. The composer explained in an interview why he had been inspired to turn Horváth's play into an opera:

Im *Jüngsten Tag* . . . geraten alle Personen der Handlung,
Haupt – wie scheinbare Nebenpersonen, in eine Verstrik-
kung, an der sie unschuldig sind und doch daran schuldig
werden. Die Problematik, wie sie sich in diesem Dickicht
von Schuld und Unschuld verhalten – wie machen sie sich
das bewußt, wie verdrängen sie es so lange vor sich her, bis
ihnen plötzlich klar wird – all das hat mich am *Jüngsten
Tag* so ungemein gefesselt, hat mir alle Personen dieses
Stückes gleich lieb und wert gemacht.   (Nationaltheater
Mannheim 1979–80, 201. Spielzeit, *Programmheft* Nr 16.)

NOTES TO THE INTRODUCTION

1 Sigmund Freud, *Civilization and its Discontents*, translated by Jean Rivière, revised and newly edited by James Strachey, London, The Hogarth Press and the Institute of Psycho-Analysis, 1982, p. 63.
2 Traugott Krischke, *Ödön von Horváth, Kind seiner Zeit*, Munich, 1980.
3 See Ian Huish, *Adieu Europa! Entwurf zu einer Autobiographie?* in *Horváth-Blätter* 1/83 Göttingen, 1983. In the brief passage that Horváth actually seems to have completed and typed out, there are the following sentences, which form a suitable epitaph to his own life:

> Warum mußt ich eigentlich weg von zuhaus?
> Wofür bin ich denn eingetreten? Ich hab nie politisiert. Ich trat ein für das Recht der Kreatur. Aber vielleicht wars meine Sünde, daß ich keinen Ausweg fand?
> (Ö. v. Horváth: *Die stille Revolution*, Frankfurt a.M., 1975, p. 89.)

4 For a detailed analysis of Dürrenmatt's probable debt to Horváth, whose play pre-dates *Der Besuch der alten Dame* by almost twenty years, see Krishna Winston's article 'The Old Lady's Day of Judgement: Notes on a mysterious relationship between Friedrich Dürrenmatt and Ödön von Horváth', *Germanic Review* 51 (1976), 312–22.
5 See Meinrad Vögele *Oedön von Horváth. Der jüngste Tag*, Bern/Frankfurt am Main/New York, 1983, p. 70.
6 Jura Soyfer, *Vineta*, in *Jura Soyfer – Das Gesamtwerk*, edited by Horst Jarka, Vienna, 1980. This remarkable play is only twenty pages in length but it conveys the atmosphere of a community (clearly intended to represent Vienna) that is unwilling

to see the truth of what is happening. They are all, quite literally, living a lie.

7   These are to be found transcribed in full by Meinrad Vögele, op.
cit., pp. 266-315.

8   At the end of Frank Wedekind's play *Frühlings Erwachen*
(Zürich, 1891, first performed in Berlin in 1906) there is a scene
which doubtless influenced Horváth's ending. In it a Masked
Man (representing life) and a headless boy who has committed
suicide (and comes up from his grave with false promises of how
great it feels to be dead) fight over Melchior, each one exercising
his powers of persuasion. As in *Der jüngste Tag* the choice is
made for life, with all its attendant difficulties.

9   In F.T. Csokor, *Zeuge einer Zeit. Briefe aus dem Exil 1933 bis
1950*, Munich, 1964. The 'damals' refers to an earlier conversation between the two some years previously. This had taken
place, as Csokor recalls in the same letter, '. . . nachts, an einer
trostlosen kleinen Station im Warten auf den verspäteten Zug'.
Was this perhaps the inspiration for the opening scene of *Der
jüngste Tag* as well as for one of its main themes?

10   Friedrich Hebbel, 'Mein Wort über das Drama' in Friedrich
Hebbel *Samtliche Werke*, Historisch-Kritische Ausgabe
(Säkular-Ausgabe), edited by Richard Maria Werner, Berlin-
Behr 1911–22, Erste Abteilung: Band 2 Vermischte Schriften 3,
1843–51: Kritische Arbeiten 2 (1912) p. 29.

BIBLIOGRAPHY

EDITIONS

Gesammelte Werke (4 vols.), ed. Traugott Krischke and Dieter Hildebrandt, Frankfurt/Main (Suhrkamp) 1970–1.
Gesammelte Werke (8 vols.), ed. Traugott Krischke and Dieter Hildebrandt, Frankfurt/Main (Suhrkamp) 1972. (This edition quoted throughout.)
Jugend ohne Gott, ed. Ian Huish, London (Harrap) 1974.
Geschichten aus dem Wiener Wald, ed. Hugh Rank, London (Bell and Hyman) 1980.
Italienische Nacht and *Glaube Liebe Hoffnung*, ed. Ian Huish, London (Thomas Nelson) forthcoming.

CRITICAL WORKS

Becher, Ulrich, 'Stammgast im Lilliputanercafé', *Nachwort* in Ödön von Horváth: *Stücke*, Reinbek bei Hamburg (Rowohlt) 1961.
Esslin, Martin *et al.*, *Symposium on Ödön von Horváth (1901–38)*, London (Austrian Institute) 1977.
Fritz, Axel, *Ödön von Horváth als Kritiker seiner Zeit. Studien zum Werk in seinem Verhältnis zum politischen, sozialen und kulturellen Zeitgeschehen*, Munich (List) 1973.
Hildebrandt, Dieter; *Horváth*, Reinbek bei Hamburg (Rowohlt) 1975.
Hildebrandt, Dieter and Krischke, Traugott (eds.), *Über Ödön von Horváth*, Frankfurt/Main (Suhrkamp) 1972.
Huish, Ian, *Horváth: a Study*, London (Heinemann) 1980.
Kahl, Kurt, *Ödön von Horváth*, Velber (Friedrich) 1966.
Kienzle, Siegfried, *Ödön von Horváth*, Berlin (Colloquium) 1977.

Krammer, Jenö, *Ödön von Horváth. Leben und Werk aus ungarischer Sicht*, Vienna (Internationale Lenau-Gesellschaft) 1969.

Krischke, Traugott (ed.), *Materialien zu Ödön von Horváth.* Frankfurt/Main (Suhrkamp) 1970.

Krischke, Traugott, *Ödön von Horváth. Kind seiner Zeit. Biographie*, Munich (Heyne) 1980.

Krischke, Traugott and Prokop, Hans (eds.), *Ödön von Horváth. Leben und Werk in Dokumenten und Bildern*, Frankfurt/Main (Suhrkamp) 1972.

Kurzenberger, Hajo, *Horváths Volksstücke. Beschreibung eines poetischen Verfahrens*, Munich (Wilhelm Fink) 1974.

Midgley, David, 'Ödön von Horváth: the strategies of audience enticement', *Oxford German Studies* 14, 1983, pp. 125–42.

Schröder, Jürgen, 'Das Spätwerk Ödön von Horváths', *Ödön von Horváth* (ed. T. Krischke) Frankfurt/Main (Suhrkamp) 1981.

Schröder, Jürgen (ed.) *Horváths 'Lehrerin von Regensburg'. Der Fall Elly Maldaque*, Frankfurt/Main (Suhrkamp) 1982.

Strelka, Joseph, *Brecht Horváth Dürrenmatt. Wege und Abwege des modernen Dramas*, Vienna, Hanover, Bern (Forum) 1962.

Vögele, Meinrad, *Oedön von Horváth. Der jüngste Tag*, Bern, Frankfurt/Main, New York (Peter Lang) 1983.

Winston, Krishna, 'The Old Lady's Day of Judgement: Notes on a mysterious relationship between Friedrich Dürrenmatt and Ödön von Horváth', *Germanic Review* 51, 1976, pp. 312–22.

Zuckmayer, Carl, *Als wärs ein Stück von mir*, Frankfurt/Main (Fischer) 1969.

Zuckmayer, Carl, *Aufruf zum Leben. Porträts und Zeugnisse aus bewegten Zeiten*, Frankfurt/Main (Fischer) 1976.

DER JÜNGSTE TAG

Schauspiel in sieben Bildern

Personen: Thomas Hudetz, Stationsvorstand · Frau Hudetz · Alfons Hudetz, ihr Bruder, Drogeriebesitzer · Der Wirt zum »Wilden Mann« · Anna, seine Tochter · Ferdinand, deren Bräutigam, ein Fleischhauer von auswärts · Leni, Kellnerin beim »Wilden Mann« · Frau Leimgruber · Ein Waldarbeiter · Ein Vertreter · Ein Gendarm · Kohut, ein Heizer · Ein Staatsanwalt · Ein Kommissar · Ein Kriminaler* · Ein Streckengeher · Pokorny, ein seliger Lokomotivführer · Ein Gast · Ein Kind.

Schauplätze: Erstes Bild: Kleine Bahnstation · Zweites Bild: Auf dem Bahndamm, wo zwei Züge zusammengestoßen sind · Drittes Bild: Das Gasthaus zum »Wilden Mann« · Viertes Bild: Beim Viadukt · Fünftes Bild: Im Gasthaus zum »Wilden Mann« · Sechstes Bild: In der Drogerie · Siebentes Bild: Auf dem Bahndamm, wo einst die beiden Züge zusammengestoßen sind.

In unseren Tagen.*
Zwischen dem zweiten und dritten Bild liegen vier Monate.
Pause nach dem fünften Bild.

ERSTES BILD

Wir befinden uns vor einem Bahnhofsgebäude und sehen von links nach rechts eine Tür, die nach dem ersten Stock führt, einen Fahrkartenschalter und abermals eine Tür mit Milchglasscheiben und der Überschrift »Stationsvorstand«. Daneben einige Signalhebel, Läutwerk und dergleichen. An der Wand kleben Fahrpläne und Reisereklame. Zwei Bänke. Rechts verläuft aus dem Hintergrunde nach vorne die Bahnsteigschranke, aber die Schienen sieht man nicht – man hört also nur die Ankunft, Abfahrt und Durchfahrt der Züge. Hier hält kein Expreß, ja nicht einmal ein Eilzug, denn der Ort, zu dem dieser Bahnhof gehört, ist nur ein etwas größeres Dorf. Es ist eine kleine Station, aber an einer großen Linie.

Auf den Bänken warten zwei Reisende: Die Bäckermeistersgattin Frau Leimgruber und ein Waldarbeiter mit einem leeren Rucksack und einer Baumsäge. Das Läutwerk läutet, dann wirds gleich wieder still.

Jetzt kommt ein dritter Reisender von links mit Hand- und Aktentasche, ein Vertreter* aus der Stadt. Er hält und blickt auf die Bahnhofsuhr. Es ist neun Uhr abends, eine warme Frühlingsnacht.

Vertreter tritt an den Fahrkartenschalter und klopft, aber es rührt sich nichts, er klopft abermals, und zwar energisch.

WALDARBEITER: Da könnens lang klopfen, der macht erst knapp vor Abfahrt auf.

VERTRETER: *blickt wieder auf die Uhr:* Hat denn der Zug Verspätung?

FRAU LEIMGRUBER: *lacht hellauf, zum Waldarbeiter:* Was sagens zu dieser Frage?

WALDARBEITER: *grinst:* Der Herr kommt vom Mond – *Zum Vertreter.* Natürlich haben wir Verspätung, dreiviertel Stund!

VERTRETER: Dreiviertel Stund? Elende Schlamperei* – *Er zündet sich wütend eine Zigarre an.*

FRAU LEIMGRUBER: Es ist eben alles desorganisiert –

WALDARBEITER: *fällt ihr belehrend ins Wort:* Es kommt eben alles daher, weil immer nur abgebaut und abgebaut wird.* – Die werden noch so lange rationalisieren, bis überhaupt nix mehr fahren wird.

VERTRETER: *bläst den Rauch von sich:* »Rationalisierung« – ein übles Kapitel.*

WALDARBEITER: Die schicken ja jeden zum Teufel, das beste Menschenmaterial.

FRAU LEIMGRUBER: *wird plötzlich geschwätzig, zum Vertreter:* Zum Beispiel hier auf unserem Bahnhof: was meinens,* wieviel Personal wir da haben? Einen, einen einzigen Mann haben wir da.

VERTRETER: *perplex:* Wieso dies? Nur einen einzigen Beamten?

FRAU LEIMGRUBER: Zum Glück ist unser Herr Vorstand ein wirklich tüchtiger Mann, ein gebildeter, höflicher, emsiger Charakter, ein selten strammer Mensch! Der scheut keine Arbeit, er trägt die Koffer, vernagelt die Kisten, stellt die Weichen, steht am Schalter, telegraphiert und telephoniert – alles in einer Person! Und miserabel bezahlt ist er auch.

WALDARBEITER: Wer?

FRAU LEIMGRUBER: Na der Vorstand.

WALDARBEITER: Miserabel nennen Sie das? Ich nenn das eine königliche Gage – denkens doch nur an seine freie Dienstwohnung da droben! *Er deutet auf den ersten Stock.* Der hat ja sogar einen Salon und wenn er aufsteht, hört er die Vöglein zwitschern und sieht weit ins Land – *Er grinst.*
Jetzt läutet das Läutwerk und der Stationsvorstand Thomas Hudetz tritt rasch aus seiner Türe, er bedient den Signalhebel und schon rast ein Schnellzug vorbei, er salutiert und wieder ab.

FRAU LEIMGRUBER: Das war der Expreß, der hält nicht bei uns.

VERTRETER: Kann ich ihm nachfühlen.* Wieviel Einwohner hat denn das Nest?

WALDARBEITER: Zweitausenddreihundertvierundsechzig.
Stille.

FRAU LEIMGRUBER: *betrachtet den Vertreter, plötzlich:* Hats Ihnen bei uns nicht gefallen?

VERTRETER: Ich bin ein reisender Kaufmann, liebe Frau, und das Schicksal hat mich weit in der Welt herumgetrieben,* aber eine solche fulminante Interessenlosigkeit* wie hier bei euch, das hab ich noch nirgends erlebt! Ihr seid mir schöne Ausnahmen!

FRAU LEIMGRUBER: Was habens denn zu verkaufen?

VERTRETER: Kosmetische Artikel.

WALDARBEITER: Ha?

VERTRETER: Schönheitsmittel.

WALDARBEITER: Schönheit? *Er grinst.* Wir sind uns schön genug.

VERTRETER: Die Hauptsache ist, daß man sich selber gefällt – *Er wendet sich wieder an Frau Leimgruber.* Eine einzige Kundschaft hat sich meiner erbarmt – *Er lächelt geschmerzt.*

FRAU LEIMGRUBER: *sehr neugierig:* Wer?

VERTRETER: Das Fräulein Kellnerin beim Wilden Mann.

WALDARBEITER: *überrascht:* Die Leni? Also das gibts nicht!

VERTRETER: *perplex:* Warum soll es das nicht geben?

WALDARBEITER: Weil die nicht so blöd ist, daß sie sich so einen Schönheitsschmarren* einreden läßt.

VERTRETER: *braust auf:* Erlauben Sie mal! Im zwanzigsten Jahrhundert –

FRAU LEIMGRUBER: *unterbricht ihn, zum Waldarbeiter:* Aber der Herr wirds doch wissen, wem er was verkauft hat.

VERTRETER: *empört:* So eine kleine, schlanke wars – noch ein halbes Kind.

FRAU LEIMGRUBER: *zum Waldarbeiter:* Ach, der meint die Anna!

WALDARBEITER: Drum!

FRAU LEIMGRUBER: *zum Vertreter, geschwätzig:* Das ist nicht die Kellnerin, das ist die Tochter vom Wirt, die Anna! Sie ist mit einem Fleischhauer verlobt, aber der ist von auswärts und kommt nur einmal in der Woche.

VERTRETER: Von mir aus.*

WALDARBEITER: Ich sag nur, die hats faustdick hinter den Ohren.*

FRAU LEIMGRUBER: *überrascht:* Wer?

WALDARBEITER: Na, die Anna. *Höhnisch.* Dem Herrn sein halbes Kind!*

FRAU LEIMGRUBER: Aber wie könnens denn so was sagen! Die Anna ist doch die personifizierte Unschuld in persona.*

WALDARBEITER: Unschuldig ist sie vielleicht schon, aber trotzdem hat sies hinter den Ohren.

FRAU LEIMGRUBER: *zum Vertreter:* So wird man unschuldig verleumdet.

VERTRETER: *halb zu sich:* Der Einbruch der Plebejer. Der Untergang des Abendlandes –*

Jetzt tritt aus der Tür links die Gattin des Stationsvor-
standes, Frau Hudetz, mit ihrem Bruder Alfons, dem
Drogisten.

FRAU LEIMGRUBER: *grüßt:* Guten Abend, Frau Vorstand!

FRAU HUDETZ: Guten Abend, Frau Leimgruber. *Sie unter-*
hält sich leise mit Alfons.

FRAU LEIMGRUBER: *versucht zu horchen, kann aber nichts*
verstehen, wendet sich an den Vertreter, der neben ihr Platz
genommen hat, und deutet versteckt auf Frau Hudetz,
unterdrückt: Das ist die Gattin des Vorstandes.

VERTRETER: *desinteressiert:* Interessant.

FRAU LEIMGRUBER: Und der Mann ist ihr Bruder.

VERTRETER: *sieht gar nicht hin:* Aha.

FRAU LEIMGRUBER: *gehässig:* Brüderlein und Schwesterlein,* die passen prima zusammen –
Nun läutet das Läutwerk wieder und Hudetz tritt rasch aus
seiner Tür, wieder bedient er den Signalhebel und schon
rast ein Zug vorbei, er salutiert und will ab, erblickt jedoch
überrascht seine Frau und Alfons, die beiden Männer
fixieren sich etwas, dann grüßt Alfons, Hudetz dankt und
ab durch seine Tür.

FRAU HUDETZ: *leise zu Alfons:* Er spricht seit Tagen kein
Wort mehr mit mir.

ALFONS: Nur Mut, Schwester.

FRAU HUDETZ: Wirst sehen, ich werde noch verrückt.

ALFONS: Du bist überreizt durch euren ewigen Streit.

FRAU HUDETZ: Aber die Stimme,* die ich höre –

ALFONS: *fällt ihr ins Wort:* Wir hatten in unserer Familie
keinen einzigen Fall von Geisteskrankheit. Deine
Erregungszustände sind nur nervöser Natur und sonst
nichts, das wird dir jeder Arzt bestätigen. Eure Ehe ist
leider ein gordischer Knoten* und es gibt nur eine Lösung.

FRAU HUDETZ: *unterbricht ihn:* Hör auf damit! Daran darf ich

gar nicht denken, daß er mit einer anderen Frau – ich hab
ihm ja gesagt, noch bevor wir heirateten: überlege dir gut,
habe ich gesagt, ich bin um dreizehn Jahre älter wie du und
er hat gesagt, er hätt sich nichts zu überlegen.

ALFONS: *fällt ihr ins Wort:* Und das war gelogen.

FRAU HUDETZ: Damals noch nicht.
   Stille.

ALFONS: Zwischen euch zwei hats noch nie gestimmt.

FRAU HUDETZ: Aber ich laß mich nicht scheiden, hörst du, ich
   tät lieber* über Nacht ganz weiß werden, ganz weiß –

ALFONS: Nicht so laut. *Er wirft einen mißtrauischen Blick auf
   Frau Leimgruber und redet dann leise auf Frau Hudetz
   ein.*

FRAU LEIMGRUBER: *leise zum Vertreter, der sich in seine
   Notizbücher vertieft hat, rechnet und hört kaum hin:* Das
   ist dir eine Kanaille – diese verhaßte Person – wie die den
   armen Vorstand quält, diesen kreuzbraven,* beliebten
   Menschen – na das ist eine Affenschand.*

VERTRETER: Soso.

FRAU LEIMGRUBER: Immer sekkiert* sie den Mann mit ihrer
   blinden Eifersucht und er traut sich schon kaum mehr ins
   Wirtshaus, weil sie ihm nachschleicht und wenn ihn die
   Kellnerin anschaut, hat er die Höll zu Hause –

VERTRETER: Soso.

FRAU LEIMGRUBER: Im Fasching hat sie da droben mal so
   geplärrt und geschrien, daß mans bis in den Ort hinein
   gehört hat, die hysterische Nocken* – derweil hat er sie
   gar nicht angerührt und sie hat immer gebrüllt: »Er bringt
   mich um, er bringt mich um!« Meiner Seel, der gehört der
   Hintern verhaut, daß er nur so staubt.*

VERTRETER: *horcht plötzlich auf:* Was für ein Hintern?*

FRAU LEIMGRUBER: *gekränkt:* Geh, Sie hören mir ja gar nicht
   zu und ich erzähl Ihnen da Intimitäten.

VERTRETER: Pardon.
Stille.

ALFONS: *leise zu Frau Hudetz:* Wie wärs denn, wenn du mal fortfahren würdest - ich seh dort ein Plakat, man kann jetzt relativ billig ans Meer.

FRAU HUDETZ: *verbittert:* Mit was denn?

ALFONS: Ich könnt dir was leihen, ich hab mir etwas gespart.

FRAU HUDETZ: *lächelt:* Nein, du bist doch der Beste und der Liebste, wenn die Leut nur mal wüßten, wie gut du bist.

ALFONS: Ich bin kein Heiliger. Aber die lieben Leut, das ist ein Fall für sich -*

FRAU HUDETZ: Ich kann sie nicht ausstehen.

ALFONS: Das finde ich nur begreiflich.

FRAU HUDETZ: Von mir aus könnten alle draufgehen -*

ALFONS: *lächelt:* Das ginge wieder zu weit.

FRAU HUDETZ: *lächelt lieb:* Alle, alle - lebwohl, lieber Bruder.

ALFONS: Überleg dirs, du kannst ans Meer, wenn du nur willst.

FRAU HUDETZ: *plötzlich ernst und hart:* Nein, ich bleibe. Pa, Alfons! *Ab durch die Tür links.*
Vertreter erblickt erst jetzt Alfons und starrt ihn an.

ALFONS: *sieht Frau Hudetz nach und murmelt dann vor sich hin:* Leb wohl! - *Ab nach links, in Gedanken versunken.*

VERTRETER: *schaut ihm nach und wendet sich wieder an Frau Leimgruber:* War das jetzt nicht der Drogeriebesitzer?

FRAU LEIMGRUBER: Derselbe.

VERTRETER: Ein unangenehmer Mensch, wie der mich heut behandelt hat.*

FRAU LEIMGRUBER: Wie?

VERTRETER: *zuckt die Schulter:* Das läßt sich nicht so definieren.
Stille.

FRAU LEIMGRUBER: Ja, der ist auch sehr verhaßt, dieser Drogist.

VERTRETER: Mit Recht.

FRAU LEIMGRUBER: Der und seine Schwester, denen geht man aus dem Weg. Immer schneidens so stolze, gekränkte Gesichter, daß man sich direkt schuldig vorkommt, als hätt man ihnen was getan – aber man ist doch nicht verantwortlich dafür, daß er sein vieles Geld in der Inflation* verloren hat und daß sie den Herrn Vorstand in eine unselige Ehe gepreßt hat – dreizehn Jahr ist sie älter wie er.

VERTRETER: *fällt ihr ins Wort:* Dreizehn Jahr?

FRAU LEIMGRUBER: Verführt hat sie diesen strammen, gebildeten Menschen, noch als ganz jungen Burschen. Ein Schandweib.

VERTRETER: Jaja, die Herren Weiber, die bringen dich auf die Welt, und dich auch wieder um.*
Nun kommt Ferdinand, ein Fleischhauer von auswärts, *mit seiner Braut, der Wirtstochter Anna, rasch von links, beide sind etwas atemlos, denn sie sind fast gelaufen.*

FERDINAND: *hastig zum Waldarbeiter, der seit einiger Zeit bereits apathisch ein großes Stück Brot verzehrt und an nichts denkt:* Ist der Zug schon fort?

WALDARBEITER: Ah!

ANNA: *zu Ferdinand:* Siehst du, ich habe dir gleich gesagt, der hat doch immer Verspätung.

FERDINAND: Aber auf eine Verspätung soll man sich nicht verlassen.

ANNA: *hält die Hand auf ihr Herz:* Gott, bin ich jetzt gelaufen.

FERDINAND: *besorgt:* Tuts dir weh, dein Herzerl?

ANNA: Nein, es klopft nur so rasch –
Ferdinand hält seine Hand auf ihr Herz und lauscht.
Hörst es?

FERDINAND: Ja.

FRAU LEIMGRUBER: *leise zum Vertreter:* Dort steht die Anna.

VERTRETER: Was für eine Anna?

FRAU LEIMGRUBER: Na, Ihr bewußtes halbes Kind.*

VERTRETER: *erkennt Anna:* Ach, die Wirtstochter. Meine einzige Kundschaft – *Er grüßt Anna und murmelt dabei.* Mein schönes Fräulein, darf ichs wagen – *Anna dankt schüchtern.*

FERDINAND: *zu Anna, mißtrauisch:* Wer ist denn das?

ANNA: Sag ich nicht.

FERDINAND: Warum nicht?

ANNA: Weil du dann wieder schimpfen wirst.

FERDINAND: Ich schimpfe nie.

ANNA: Oho!
Ferdinand fixiert den Vertreter.

VERTRETER: *wird es ungemütlich; leise zu Frau Leimgruber:* Wer ist denn der Kerl, daß er so glotzt?

FRAU LEIMGRUBER: Das ist der Anna ihr auswärtiger Bräutigam. Ein gewisser Ferdinand Bichler, ein Fleischhauer.

VERTRETER: *fühlt sich immer ungemütlicher:* Ach, ein Herr Fleischhauer.

FRAU LEIMGRUBER: Ein Mordstrum Mannsbild, aber ein sanfter Charakter.*
Nun öffnet Hudetz den Fahrkartenschalter.

VERTRETER: *atmet auf:* Endlich! *Er tritt an den Schalter und löst sich eine Karte.*

FERDINAND: *zu Anna:* Sags mir auf der Stell oder ich brech ihm das Genick.

ANNA: *lächelt:* Also gut: das ist der Reisende, dem ich heut vormittag die Creme abgekauft habe.

FERDINAND: *beruhigt:* Also. Aber du brauchst doch keine Creme und kein Puder und kein nichts –

ANNA: *unterbricht ihn:* Fängst schon wieder an?*
Stille.

FERDINAND: *etwas kleinlaut:* Annerl. Ich mein ja nur, so zart

wie dein rosiges Gesichterl,* kann nichts Künstliches auf
der Welt sein –

ANNA: Erinnerst du dich an den letzten Film? Gott, hat mir
die Frau gefallen.

FERDINAND: Mir gar nicht.

ANNA: Sag das nur nicht laut! Sonst blamierst dich noch
tödlich.*
Stille.

FERDINAND: *traurig:* Ach, Anna. *Er legt seine Hand um ihre
Schulter und blickt empor.* Weißt, wenn ich unsere
Sterndel* seh, dann möcht ich immer bei dir sein.

ANNA: *blickt auch empor:* Du siehst mich doch bald.

FERDINAND: *nickt traurig:* In einer Woch. Und morgen
beginnt wieder der Alltag, ich muß schon um viere aus den
Federn –*

ANNA: Hast was zum schlachten?

FERDINAND: Nur zwei Kälber –
*Das Läutwerk läutet, Hudetz tritt rasch aus seiner Tür und
öffnet die Bahnsteigschranke, der Waldarbeiter, Frau
Leimgruber und der Vertreter begeben sich auf den
Bahnsteig, Hudetz durchlöchert die Karten.*

VERTRETER: *zu Hudetz:* Ist das bei euch die Regel? Dreiviertel Stund Verspätung? *Hudetz zuckt die Schultern und
lächelt.* Desorganisation –

FRAU LEIMGRUBER: *zum Vertreter:* Aber der Herr Vorstand
ist doch unschuldig!
*Hudetz lächelt Frau Leimgruber an und hebt höflich die
Hand an die Kappe.*
Der Personenzug fährt ein und hält.

FERDINAND: *zu Anna:* Vergiß mich nicht! *Er umarmt sie und
ab auf den Bahnsteig.*
Anna tritt langsam an die Schranke.
Hudetz gibt das Abfahrtssignal.
Der Zug fährt ab, das Läutwerk läutet.

Anna winkt langsam dem Zug nach.
Hudetz schließt die Bahnsteigschranke.

ANNA: *betrachtet ihn plötzlich:* Ist niemand gekommen?

HUDETZ: Nein. *Er bedient das Signal und will wieder ab durch seine Tür.*

ANNA: Herr Vorstand. Warum beehren Sie uns eigentlich nicht mehr? Mein Vater meint schon, Sie hätten anderswo einen Stammtisch?

HUDETZ: Ich komm zu nichts mehr, Fräulein Anna. Ich hab halt immer Dienst.

ANNA: Dann ists ja gut. Ich dachte schon, Sie kämen nicht mehr zu uns wegen mir.

HUDETZ: *ehrlich überrascht:* Warum wegen Ihnen?

ANNA: Ich dacht wegen Ihrer Frau.

HUDETZ: Was hat meine Frau mit Ihnen zu tun?

ANNA: Sie mag mich nicht.

HUDETZ: Geh, bildens Ihnen doch nichts ein!* *Er stockt plötzlich und starrt auf den ersten Stock hinauf.*
Stille.

ANNA: *ironisch:* Was ist denn dort droben?

HUDETZ: Nichts.

ANNA: Habens Angst, daß Sie Ihre Frau mit einem jungen Mädel sieht? Dürfens mit mir nicht sprechen?

HUDETZ: Sie müssens ja wissen.

ANNA: Wenn Sie jetzt mit mir sprechen, kriegens morgen wieder einen Krach, was?

HUDETZ: Wer sagt das?

ANNA: Alle Leut.
Stille.

HUDETZ: *fixiert sie:* Ihr sollt endlich mal meine Frau in Ruh lassen, verstanden? Ihr alle und Sie, Fräulein Anna, erst recht. Sie sind überhaupt noch viel zu jung dazu, um da mitzureden –

ANNA: *spöttisch:* Meinen Sie?

HUDETZ: Sie werden erst noch manches lernen müssen, bis Sie anfangen werden, zu begreifen –

ANNA: *wie zuvor:* Geh, unterrichtens mich ein bisserl,* Herr Lehrer –

HUDETZ: Sie werden schon von allein lernen, daß man niemand kränken darf, um nicht bestraft zu werden.*

ANNA: Jetzt redens gar wie der Herr Pfarrer – *Sie lacht.*

HUDETZ: Lachens nur, wir sprechen uns noch – *Er will ab.*

ANNA: Alle Leut lachen über Sie, Herr Vorstand. Sie fragen sich, was treibt er denn eigentlich, dieser fesche Mensch – immer steckt er in seinem Bahnhof, Tag und Nacht –

HUDETZ: *grimmig:* Die Leut scheinen sich ja recht viel mit mir zu beschäftigen.

ANNA: Ja, sie sagen, der Vorstand ist überhaupt kein Mann. *Stille.*

HUDETZ: Wer sagt das?

ANNA: Die ganze Welt. Nur ich nehme Sie manchmal in Schutz. *Sie lächelt boshaft, küßt ihn plötzlich und deutet nach dem ersten Stock.* Jetzt hat sies gesehen, daß ich Sie geküßt hab, was? *Sie lacht.* Jetzt gibts aber dann was? *Sie lacht.* Jetzt setzt es was ab, wie? *Sie macht die Geste des Verprügelns.*

HUDETZ: *starrt sie an:* Wenn Sie jetzt nicht augenblicklich verschwinden, dann könnens was erleben!

ANNA: Wollens* mich umbringen?

HUDETZ: Lassens die blöden Ideen, weg von da! *Er ergreift ihren Arm.*

ANNA: Au, lassens mich, Sie Grobian! *Sie reißt sich los und reibt ihren Arm.* Verstehns denn keinen Witz?

HUDETZ: *grob:* Nein!
Jetzt fährt ein Eilzug vorbei.

HUDETZ: Himmel tu dich auf.* *Er reißt einen Signalhebel herum, das Läutwerk läutet, er faßt sich ans Herz.*

ANNA: *bange:* Was ist denn passiert?

HUDETZ: *starrt vor sich hin, tonlos:* Eilzug vierhundertfünf und ich vergiß das Signal – *Er fährt sie an.* Da habens Ihren Witz. Ich war immer ein pflichttreuer Beamter!*

ANNA: Es wird schon nicht gleich was passieren –

HUDETZ: Halt den Mund! *Ab durch die Tür.*

ZWEITES BILD

Der Eilzug vierhundertfünf, dem kein Signal gegeben wurde, ist unweit des kleinen Bahnhofs mit einem Güterzug zusammengestoßen. Wir befinden uns an der Unglücksstätte. Wirre Trümmer auf dem Bahndamm im Hintergrunde. Die Verletzten und die Toten wurden bereits abtransportiert. Pioniere sind mit den Aufräumungsarbeiten beschäftigt. Rechts im Vordergrund steht ein kleiner schwarzer Tisch mit einer Lampe. Der Staatsanwalt mit Gefolge ist bereits längst zugegen, zur Zeit besichtigt er das Signal auf dem Bahndamm, es leuchtet rot.
Von der ganzen Gegend sind Schaulustige * eingetroffen, unter ihnen der Wirt vom Wilden Mann, seine Tochter Anna und seine Kellnerin Leni. Im Vordergrunde links hält ein Gendarm mit aufgepflanztem Bajonett die Neugierigen in Schach. Der Morgen graut, es wird ein fahler Tag. Alles fröstelt.*

GENDARM: Zurück. Leute, zurück! Könnt euch denn gar nicht satt sehen an einer Katastrophe?

WIRT: Sowas sieht man nicht alle Tag –

LENI: *zum Gendarm:* Ist er eigentlich entgleist?

GENDARM: Nein, er ist zusammengestoßen. Der Eilzug mit einem Güterzug – vor fünfeinhalb Stunden.

LENI: Schrecklich! Als wär die Erde explodiert – *Sie schmiegt sich unerklärlich an den Wirt.* Ich werd noch davon träumen –

WIRT: *drückt Leni unwillkürlich an sich:* Also das ist Gottes Hand, auf und nieder.*
Nun taucht der Heizer des Unglückswagens auf, er trägt einen Verband um den Kopf.

LENI: *zum Wirt:* Schauens, ein Verletzter!

HEIZER: *nickt Leni leutselig zu:* Jaja, um ein Haar wäre ganz habe die Ehre gewesen.* Ich denk mir nichts, auf einmal gibts einen infernalischen Krach und Ruck, ich flieg in die Luft, wie ein Aeroplan und dann wirds mir schwarz vor den Augen – und wie ich aufwach, lieg ich auf einer Wiese im Heu und hab mir nichts gebrochen. Bloß der Schädel brummt mir, wie ein Rad.

WIRT: Da habens aber schon einen ganz besonderen Schutzengel gehabt.

HEIZER: Möglich ist alles, wissens, ich steh auf der Lokomotive –

LENI: *unterbricht ihn:* Sind Sie der Herr Lokomotivführer?

HEIZER: Nein, ich bin nicht der Pokorny, der Arme. Ich heiße Kohut.

GENDARM: *zu Leni:* Er war nur der Heizer!

WIRT: Aha.

HEIZER: Ein Heizer ist auch sehr wichtig, meine Herrschaften. Ein Heizer ist oft wichtiger wie ein Lokomotivführer.*

LENI: *zum Heizer:* Ist es wahr, daß es über hundert Tote gegeben hat?

HEIZER: Ich weiß nur von siebzehn.

GENDARM: *zum Heizer:* Achtzehn, hab ich gehört.

WIRT: Das genügt auch.

HEIZER: Es soll ein Signal überfahren worden sein oder vielmehr: besagtes Signal soll gar nicht gegeben worden sein oder vielmehr, es soll erst hinterher gegeben worden sein – mit anderen Worten: zu spät! Der Staatsanwalt ist schon seit drei Stunden da, er schaut sichs grad an, das Signal. Zum hundertsten Mal.

WIRT: Und wer ist schuld?*

GENDARM: Das wird sich schon noch herauskristallisieren.

HEIZER: Ich sag der Stationsvorstand.

WIRT: Unser Hudetz?

HEIZER: Ich weiß nicht, wie er sich schreibt. Ich weiß nur, der selige Pokorny war ein äußerst pflichttreuer Lokomotivführer. – Augen hat der gehabt wie ein Luchs.

WIRT: Also das müßt schon mit dem Teufel zugegangen sein, wenn unser Hudetz was verbrochen hätt! Ich sag: ausgeschlossen.

HEIZER: Die Sonne bringt es an den Tag.* Wenn euer Hudetz das Signal nicht rechtzeitig gestellt hat – unter drei Jahren kommt er nicht davon.

GENDARM: Und die Stellung verliert er auch.

HEIZER: Ohne Pensionsanspruch.

GENDARM: Das ist nur natürlich.

HEIZER: Einen Zeugen müßt er halt* haben, einen Zeugen, der es beschwört, daß er das Signal rechtzeitig gestellt hat.

GENDARM: Dann wäre er gerettet. Aber er war halt allein, mutterseelen allein.

HEIZER: Dann ist das eine persönliche Tragik.

ANNA: *leise zum Wirt:* Vater, ich muß dir etwas sagen –

WIRT: Was gibts?

ANNA: Etwas Wichtiges. Der Vorstand war nämlich nicht allein, wie das passiert ist –

WIRT: Was?! Was phantasierst denn da herum?

ANNA: Der Herr Vorstand hätt schon einen Zeugen –

WIRT: Was? So red doch schon!

ANNA: Ich. Ich war am Bahnhof, wie das passiert ist.

WIRT: Du?! Am Bahnhof?!

ANNA: Nicht so laut! Ich hab doch den Ferdinand zur Bahn
    gebracht und dann hab ich mit dem Herrn Vorstand ein
    paar Worte geredet, nur ein paar Wörtel –*

WIRT: Na und – und?

ANNA: *sehr leise:* Und – *Sie spricht unhörbar mit ihm.*

LENI: Befinden sich jetzt noch Tote unter den Trümmern?

HEIZER: Wo denkens hin, Fräulein?

LENI: Und auch keine Verletzten mehr?

HEIZER: Aber – aber! Wenns da noch Verletzte gäb, die
    täten schön schreien, da tätens Ihnen beide Ohren
    zuhalten!*

GENDARM: Das glaub ich! *Er lacht.*
    *Jetzt erscheint der Staatsanwalt mit seinem Kommissar
    übernächtig und fröstelnd; in einiger Entfernung folgt
    Hudetz, begleitet von einem Polizisten mit aufgepflanztem
    Bajonett.*
    Der Staatsanwalt! Zurück, Leut, zurück! *Er drängt den
    Wirt, Anna, Leni und alle Schaulustigen nach links ab, nur
    der Heizer bleibt zurück.*

STAATSANWALT: *leise zum Kommissar, damit ihn Hudetz
    nicht hört:* Das Signal geht leider in Ordnung, es steht auf
    halb. Es läßt sich nur nicht beweisen, ob es bereits vorher
    oder erst hinterher auf halb gestellt worden ist.

KOMMISSAR: Die, die es uns hätten beweisen können, sind
    leider nicht mehr vernehmbar.

STAATSANWALT: Zu dumm! Ein undefinierbares Gefühl*
    sagt mir, daß dieser Hudetz nicht unschuldig ist. Er macht
    zwar einen gefaßten Eindruck – *Er lächelt.*

KOMMISSAR: *grinst:* Für meinen Geschmack ist er auch ein
    bißchen zu sehr gefaßt.

STAATSANWALT: *seufzt:* Nun, versuchen wirs zum zehnten
    Mal – *Er setzt sich an den kleinen schwarzen Tisch und
    blättert in den Protokollen.*

KRIMINALER: *kommt rasch von rechts und grüßt den Staatsanwalt:* Herr Staatsanwalt, ich komme drüben vom Bahnhof und hab die Frau Hudetz verhört. Ich werde das undefinierbare Gefühl nicht los, daß uns die Frau etwas zu sagen hätt –

STAATSANWALT: »Undefinierbares Gefühl«, das hör ich gern! Man bittet um schärfere Präzision.

KRIMINALER: Verzeihung, aber ich pflege mich manchmal auf meinen Instinkt zu verlassen und ich freß einen Besen,* wenn die Frau Hudetz nicht etwas verschweigt.

STAATSANWALT: Woraus schließen Sie auf diesen Schluß?

KRIMINALER: Es scheint sie etwas zu belasten, sie macht einen ganz verheulten Eindruck.

STAATSANWALT: Bringen Sie die Frau her!

KRIMINALER: Sofort! *Rasch ab nach rechts.*

STAATSANWALT: *ruft:* Herr Kohut! Herr Josef Kohut!

HEIZER: *tritt vor:* Hier!

STAATSANWALT: *sehr leise, damit ihn Hudetz nur ja nicht hört:* Sie bleiben also dabei, daß Sie das Signal nicht gesehen haben? Reden Sie leise.

HEIZER: Ich hab überhaupt nichts gesehen, Herr Staatsanwalt ich bin ja grad mit dem Rücken zur Fahrtrichtung gestanden und hab Kohlen geschaufelt, da kam der Ruck –

STAATSANWALT: *unterbricht ihn ungeduldig:* Von dem Ruck haben Sie uns schon erzählt.

HEIZER: Und außer dem Ruck habe ich nichts zu erzählen, ich kanns nur immer wieder beschwören, daß der selige Pokorny noch nie ein Signal überfahren hat, nicht beim dichtesten Nebel!

STAATSANWALT: Stimmt! Seine Qualifikation ist erstklassig.

HEIZER: Das war überhaupt ein erstklassiger, seelenguter Mensch, Herr Staatsanwalt, aber jetzt hinterläßt er drei unversorgte Kinder – *Er blickt empor.* Armer Pokorny! Jetzt stehst vor deinem obersten Richter.

STAATSANWALT: Zur Sache!*

HEIZER: Alsdann, wie jener Ruck sich abgespielt hat, da hat der Pokorny grad von einer Gehaltsaufbesserung gesprochen –

STAATSANWALT: *unterbricht ihn:* Das gehört nicht hierher. Ich danke, Herr Kohut.

HEIZER: *verbeugt sich:* Bitte – bitte! *Ab.*

STAATSANWALT: *ruft:* Herr Thomas Hudetz!
Hudetz tritt vor.
Sie bleiben also dabei, daß Sie das Signal rechtzeitig auf halb gestellt haben?

HUDETZ: *gefaßt, jedoch innerlich unsicher:* Herr Staatsanwalt, ich kann mir gar nicht vorstellen, ich war doch immer ein pflichttreuer Beamter –

STAATSANWALT: *unterbricht ihn:* Das habens uns jetzt schon hundertmal erzählt.

HUDETZ: Es ist auch alles.
Stille.

STAATSANWALT: *fixiert ihn; leise, jedoch eindringlich:* Ich werd das undefinierbare Gefühl nicht los –

HEIZER: *unterbricht ihn:* Ich hab nichts zu verheimlichen.
Stille.

STAATSANWALT: *droht ihm mit dem Zeigefinger:* Herr Hudetz, ein Zusammenstoß ist kein Witz –

HEIZER: *zuckt zusammen und horcht auf:* Herr Staatsanwalt –

STAATSANWALT: *schreit ihn plötzlich an:* Bilden Sie sichs nur nicht ein, daß die Wahrheit nicht ans Tageslicht kommt. Auch wenn Sie das seltene Glück haben, daß der Lokomotivführer und der Zugführer tot sind, so ist doch immer noch einer da, der wie durch ein Wunder am Leben blieb. Der Heizer Josef Kohuf! Und dieser Heizer hat uns bereits äußerst instruktive Tatsachen mitgeteilt, Tatsachen, die Ihnen garantiert keine reine Freude bereiten werden.

HUDETZ: *unsicher:* Ich kann nur sagen, ich hab noch nie ein Signal versäumt – *Er lächelt.*
Stille.

STAATSANWALT: *plötzlich väterlich:* Gehen Sie in sich, Thomas Hudetz. Denken Sie an die achtzehn armen Toten, an die große Schar beklagenswerter Verletzter, die jetzt in den Krankenhäusern leiden. Wollen Sie das alles ungesühnt mit sich herumtragen, ein ganzes Leben lang? Sie sind doch ein anständiger Mensch, Herr Hudetz. Erleichterns doch gefälligst Ihr Gewissen –
Stille.

HUDETZ: Ich bin nicht schuld.

STAATSANWALT: *ironisch:* Sondern?

HUDETZ: Ich nicht.

STAATSANWALT: *wie zuvor:* Vielleicht der große Unbekannte?*

HUDETZ: Vielleicht –
Jetzt kommen der Gendarm, der Wirt und Anna von links.

KOMMISSAR: *zum Gendarm:* Was gibts?
Staatsanwalt lauscht.

GENDARM: Herr Kommissar, da hat sich der Gastwirt vom Wilden Mann gemeldet, der behauptet, seine Tochter hätt etwas Wichtiges auszusagen.

STAATSANWALT: *fällt ihm ins Wort:* Na und? Warum meldet sie das erst jetzt?

WIRT: Herr Staatsanwalt, meine Tochter ist noch ein halbes Kind und sie hat sich halt nicht gleich getraut, aber sie hat sich zuvor mir anvertraut und ich hab gesagt, das mußt du sofort mitteilen, denn das ist sozusagen lebenswichtig für den braven Herrn Hudetz –

STAATSANWALT: Abwarten!

WIRT: Ich hab ihr gesagt, es dreht sich um einen Menschen, du hättest ja keine ruhige Minute mehr und ich auch nicht, wenn man unserem Herrn Vorstand was antun würde.

Herr Staatsanwalt, sie hat es genau gesehen, daß er das Signal rechtzeitig auf halb gestellt hat!

STAATSANWALT: Rechtzeitig? *Er fixiert Anna.* Treten Sie näher, Fräulein! Keine Angst, wir beißen nicht –
Anna tritt näher.
Ich mache Sie nur darauf aufmerksam, daß Sie alles, was Sie hier aussagen, vor Gericht wiederholen werden müssen, und zwar unter Eid. Sie wissen, was das bedeutet?

ANNA: Ja.

Hudetz starrt Anna entgeistert an.

STAATSANWALT: *lehnt sich zurück:* Nun erzählen Sie uns, was Sie wissen.

ANNA: Er hat das Signal rechtzeitig –

STAATSANWALT: *unterbricht sie:* Der Reihe nach, der Reihe nach. Immer schön der Reihe nach!* Los!
Stille.

ANNA: *als würde sie eine Schulaufgabe aufsagen:* Ich habe gestern meinen Bräutigam zum letzten Zug gebracht und der hat eine starke Verspätung gehabt und dann, wie der Zug weg war, dann hab ich dem Zug noch nachgewinkt und dann hab ich mit dem Herrn Vorstand ein paar Worte gesprochen, ich hab ihn gefragt, warum er nicht mehr zu uns kommt, er geht nämlich nirgends mehr hin –

STAATSANWALT: Was kümmert Sie das?

ANNA: Ich bin doch eine Gastwirtstochter und kümmere mich um das Geschäft. *Sie lächelt.*

WIRT: *zum Staatsanwalt:* Entschuldigens, daß ich eingreif, aber der Vorstand geht nirgends mehr hin, weil ihn seine Frau nicht laßt.*

STAATSANWALT: *horcht auf:* Seine Frau?

WIRT: Herr Staatsanwalt, wissen Sie, was ein böses Weib ist?

STAATSANWALT: *seufzt:* Ja, das ist mir bekannt.

HUDETZ: Meine Frau ist nicht bös.

WIRT: Hör auf, Hudetz! *Zum Staatsanwalt.* Immer nimmt er

sie in Schutz, da wird man schon direkt rabiat. *Zu Hudetz.* Sie sekkiert dich Tag und Nacht!

HUDETZ: Falsch!

WIRT: Hör auf! Alle wissens!

HUDETZ: Gar nichts wißt ihr, gar nichts! Es hat alles seine Gründe und ihr könnt nicht urteilen. Ich benehm mich ja auch nicht richtig zu ihr –

WIRT: Herr Staatsanwalt, er traut sich schon kaum mehr über die Gasse, immer meint er, er ist an allem schuld, weil sie es ihm einredet, Tag und Nacht, Jahr für Jahr. Und warum? Nur weil die Beziehungen erkaltet sind,* was kein Wunder wär bei dem Altersunterschied.

HUDETZ: *schreit den Wirt an:* Das spielt keine Rolle.

WIRT: *zu Hudetz:* Du, schrei doch nicht mit mir.

STAATSANWALT: Ruhe! Herr Hudetz, es spricht ja sehr für Ihre Wahrheitsliebe, daß Sie für Ihre Gemahlin so tapfer eintreten und die Anklagebehörde nimmt dies auch mit Befriedigung zur Kenntnis, doch dürfte es wohl wenig Sinn haben, wenn man sich selber etwas vormacht –*

HUDETZ: *fällt ihm ins Wort:* Ich mach mir gar nichts vor.

STAATSANWALT: Lassen wir das jetzt mit der Frau – Sie werden ja sowieso psychatriert –

WIRT: Narrisch hat sie ihn schon gemacht, narrisch!

STAATSANWALT: Ruhe! *Zu Anna.* Fahren Sie fort, Fräulein!

ANNA: Ich bin gleich am End. Ich hab es gehört, wie das Läutwerk geläutet hat, dann hat der Herr Vorstand das Signal gericht,* und dann erst ist der Eilzug vorbei gefahren –

STAATSANWALT: Dann erst?

ANNA: Ja –

Jetzt erscheint rechts Frau Hudetz mit dem Kriminaler. Sie halten und hören zu, von niemand beachtet.

STAATSANWALT: *eindringlich:* Also: zuerst das Läutwerk?

ANNA: Dann das Signal.

STAATSANWALT: Und dann erst der Zug?

ANNA: Ja. Und dann – *Sie stockt.*

STAATSANWALT: Na?

ANNA: Und dann hats in der Ferne ein Donnern gegeben, ein Krachen und Donnern und ein Geschrei – so ein furchtbares Geschrei, oh, ich höre es noch immer – *Sie hält sich die Ohren zu.*

STAATSANWALT: Herr Hudetz. Warum haben Sie uns eigentlich diese Ihre Entlastungszeugin verschwiegen?
Hudetz weiß keine Antwort.
Frau Hudetz betrachtet Hudetz schadenfroh.
Staatsanwalt zu Hudetz. Na? Hudetz zuckt die Schultern.
Komisch.

ANNA: Herr Staatsanwalt, er wußt es ja gar nicht, daß ich alles gesehen hab –

FRAU HUDETZ: *scharf:* Alles gesehen?!
Alle zucken zusammen und starren Frau Hudetz an.

KRIMINALER: *zum Staatsanwalt:* Frau Hudetz.

STAATSANWALT: Ach!
Frau Hudetz fixiert gehässig Anna.

KRIMINALER: *leise zum Staatsanwalt:* Es ist nichts aus ihr heraus zu bekommen. Sie behauptet, nichts gesehen zu haben. Sie hätt bereits geschlafen – *Er spricht unhörbar weiter.*

FRAU HUDETZ: *zu Anna:* Ärgern hast du mich wollen, ärgern.

WIRT: *zu Frau Hudetz:* Was wollens denn von meiner Tochter?

FRAU HUDETZ: *zu Hudetz, sie deutet auf Anna:* Ist das deine Entlastungszeugin? Man gratuliert, man gratuliert. *Sie grinst.*

WIRT: Gebens Ruh,* Frau Hudetz.

FRAU HUDETZ: Ich hab nicht zu Ihnen gesprochen.

WIRT: Also nur nicht so von oben herab.

FRAU HUDETZ: Sie haben mir keine Lehren zu geben. Unterrichtens lieber Ihr Fräulein Tochter, daß sie nachts nicht mit fremden Männern streunt!

WIRT: Was hör ich? Meine Tochter soll streunen?* Frau Hudetz, spielen Sie sich nicht mit mir!*

STAATSANWALT: Frau Josefine Hudetz, treten Sie näher!
Frau Hudetz tritt näher.
Sie haben uns also nichts zu sagen?

FRAU HUDETZ: *blickt spöttisch auf Hudetz und Anna, nach einer Pause:* Nein!

STAATSANWALT: Nichts gehört, nichts gesehen, ich danke. Wir benötigen Sie nicht mehr. Gehen Sie - *Er blättert im Protokoll.*

FRAU HUDETZ: *brüllt plötzlich los:* Ich geh nicht! Ich geh nicht! Ich laß mir das von euch nicht mehr bieten. Ihr meint, ihr könnt mit mir machen, was ihr wollt, mit mir und meinem armen Bruder. Nein, ich werd nicht mehr kuschen,* ich red, was ich mag, ich red, was ich mag.

WIRT: Halts Maul!

FRAU HUDETZ: Ich laß mir von Ihnen nicht das Maul verbieten. Verbietens es lieber Ihrer sauberen Tochter, damit sie keinen Meineid schwört. Jawohl, jetzt sag ich aus, ich! Herr Staatsanwalt, ich stand gestern abend am Fenster im ersten Stock und hab alles gesehen und alles gehört. Alles, alles, alles! Ich habe deutlich gesehen, wie dieses Stück* meinem Mann einen Kuß gegeben hat - ich habe gesehen!

WIRT: Einen Kuß? Mich trifft der Schlag!*

ANNA: *bricht plötzlich los:* Lüge, Lüge, Lüge!

FRAU HUDETZ: Ich sage die Wahrheit und werde alles beschwören! Sie hat ihm einen Kuß gegeben, nur um mich zu ärgern, aber es gibt einen Gott der Rache* und drum hat er das Signal versäumt - ich kanns beschwören, beschwören, beschwören -

ANNA: *schreit sie außer sich an:* Schwörens nur Ihren Meineid, schwörens ihn nur! Sie sind ja ein ganz schlechter Mensch. Nur weil Sie zu alt für Ihren Mann sind, reißens ihn da hinein,* Sie könnten ihn ja direkt umbringen, nur weil er sie nicht mehr anrührt. Sie sind ja berüchtigt, Sie, und ich hab ihm keinen Kuß gegeben, so wahr mir Gott helfe.* Ich bin doch glücklich verlobt, aber mich wollens auch noch unglücklich machen – *Sie weint plötzlich heftig und birgt den Kopf an ihres Vaters Brust. Wirt streichelt sie.*

STAATSANWALT: *zu Frau Hudetz:* Sie sind sich wohl im klaren darüber, Frau Hudetz, daß Sie durch Ihre Aussage Ihren Gatten schwerstens belasten.

WIRT: *empört zu Frau Hudetz:* Schämen Sie sich, wo er Sie grad in Schutz genommen hat.

ANNA: *schluchzend zu Frau Hudetz:* Immer nimmt er sie in Schutz! Immer!

FRAU HUDETZ: In Schutz? *Sie grinst höhnisch.* Thomas, du hast mich beschützt?

HUDETZ: Ja.

WIRT: *zu Hudetz:* Verdient sie es?

HUDETZ: Nein.

WIRT: Na also.

HUDETZ: Herr Staatsanwalt, alles, was meine Frau gegen mich vorbringt, ist Lüge. Weder hat mich das Fräulein Anna geküßt noch hab ich das Signal versäumt. Meine Frau ist nicht ganz normal.

FRAU HUDETZ: Ich nicht normal? Das tät dir so passen!

HUDETZ: *zum Staatsanwalt:* Sie hört oft Stimmen,* wenn sie allein ist – sie hat es mir selber erzählt. Und auch ihrem Bruder.

FRAU HUDETZ: Mich kriegst du nicht los. Mich nicht.

HUDETZ: Jetzt schon – wenn die eigene Frau den eigenen Mann derart belastet –

FRAU HUDETZ: *unterbricht ihn:* »Mann,« ich höre immer

»Mann.« *Sie lacht hysterisch.* Du willst einer sein? Du bist doch kein Mann!

HUDETZ: *schreit sie an:* Schluß damit! Schluß!

STAATSANWALT: *erhebt sich:* Schluß mit dem Krakeel!* Es steht hier nicht zur Debatte, ob Sie ein Mann sind oder nicht, es dreht sich hier um ein Eisenbahnunglück, bitt ich mir aus. Und es steht Aussage gegen Aussage. So leid es mir tut, Herr Hudetz, muß ich Sie auf Grund der belastenden Aussage Ihrer Gattin in Haft nehmen.

WIRT: In Haft?

STAATSANWALT: *packt die Protokolle zusammen:* Die Sonne dürfte es dann wohl an den Tag bringen* bei der Verhandlung – wenn mal ein kleiner Meineid auf dem Spiele steht – *Er wirft einen Blick auf Frau Hudetz.*

FRAU HUDETZ: *unheimlich ruhig:* Sie können mich ruhig anschauen, Herr Staatsanwalt, ich hab die Sonne sehr gern.

DRITTES BILD

Vier Monate sind vergangen. Im Wirtshaus zum Wilden Mann, und zwar in der Gaststube. Im Hintergrund die Schenke und zwei Fenster, links die Eingangstüre, rechts eine Tür zum Saal. An der Wand ein Bild des wilden Mannes* mit Bart und Fell und Keule. Die Kellnerin Leni steht auf einer Leiter und bringt oberhalb der Saaltüre ein Schild mit der Inschrift »Wilkommen« an. Überhaupt ist der ganze Raum mit Lampions und Tannengrün herausgeputzt. Zur Zeit ist nur ein Gast vorhanden, ein Lastkraftwagenführer, der hastig sein Menü vertilgt. Es ist Herbst geworden, aber draußen scheint die Sonne.

GAST: *plötzlich:* Wo bleibt mein Bier?

LENI: *rührt sich nicht von der Leiter:* Sofort! *Stille.*

GAST: *dumpf und drohend:* Wollens mir jetzt endlich das Bier bringen oder nicht?

LENI: *wie zuvor:* Moment!

GAST: *schlägt mit der Faust auf den Tisch und brüllt:* Jetzt wirds mir aber zu dumm! Jetzt bin ich schon bei der Mehlspeise und habe noch immer kein Bier. Ich verdurst ja schon, meiner Seel! Was schmückens denn da herum? Wo steckt denn der Wirt, Malefizelement?!

WIRT: *ist bereits von links eingetreten:* Da bin ich.

Entschuldigens vielmals, nichts für ungut – *Er herrscht Leni an.* Auf der Stell bringst dem Herrn sein Bier, was fällt dir denn ein? Saustall sowas!

LENI: *kleinlaut:* Aber das Schild –

WIRT: *fällt ihr ins Wort:* Ein Gast kommt vor einem Schild.

GAST: Bitte ich mir aus.
Leni steigt gekränkt von der Leiter herab und schenkt an der Schenke das Bier ein.

WIRT: *zum Gast:* Entschuldigens tausendmal, aber heut gehts bei uns etwas drunter und drüber, wir feiern nämlich heut ein Fest –

GAST: *deutet auf das Schild:* Wen erwartens denn? Den Kaiser von China?

WIRT: *lächelt:* Nein, nur einen braven Mitbürger von uns. Erinnerns Ihnen* an das große Eisenbahnunglück vor vier Monaten?

GAST: Keine Ahnung, ich bin Chauffeur.

WIRT: Aber damals ist unser Stationsvorstand in einen falschen Verdacht gekommen und man tat ihm bitter unrecht – vier Monate ist er in Untersuchungshaft gewesen, aber gestern nachmittag habens ihn glänzend rehabilitiert – freigesprochen* ist er worden.

GAST: Soso. Wundert mich, daß einer freigesprochen wird.

WIRT: Jaja, es ist erhebend zu sehen, wie die Wahrheit durchdringt und die Gerechtigkeit siegt.

GAST: Wo bleibt mein Bier?

LENI: *bringt es ihm:* Ja.

GAST: Ich zahl auch gleich – *Er trinkt das Bier auf einen Zug.*

LENI: Ein Menü, ein Bier, vier Brot – zweizwanzig.

GAST: Preiswert seid ihr ja grad nicht – *Er wirft das Geld auf den Tisch.*

LENI: Danke.

WIRT: Habe die Ehre! Beehrens uns wieder!

GAST: Werd mich hüten. *Ab nach links.*

WIRT: *sieht ihm nach, melancholisch:* Traurige Leut gibts auf der Welt – *Er wendet sich Leni zu, die wieder auf der Leiter steht, und versucht, ihr nicht ganz unabsichtlich unter die Röcke zu schauen.* Leut, die gar nichts mehr rührt. Radikal nichts – es rührt sie nicht, ob einer verurteilt wird oder freigesprochen, schuldig oder unschuldig – sie denken nur an ihr Bier.

LENI: Es denkt halt jeder an etwas anderes.

WIRT: Stimmt.

LENI: *hat das Schild befestigt:* So. Das hält ewig. *Sie steigt von der Leiter herab.* Was glaubens, was wird jetzt die Frau Hudetz machen?

WIRT: Die? Hier wird sie sich ja nimmer blicken lassen dürfen – ich glaub, die tätens direkt lynchen wie die Neger in Amerika.

LENI: Tja, man darf Gott nicht ungestraft herausfordern.*

WIRT: Gesehen hat sies, wie die Anna ihn geküßt hat, gesehen! Und sie möcht auch gesehen haben, daß er das Signal . verpaßt hat – und derweil! Der Stempel der Lüge stand ihr auf der Stirn, nicht einmal der Staatsanwalt hat ihr ein Sterbenswörtel* geglaubt, obwohl sie alles beschworen hat, die soll nur froh sein, wenns ihr kein Meineidsver- fahren hinaufhauen.* Ich sag: mit der Frau Hudetz ists vorbei. Die gibts nicht mehr, das war einmal.* Jetzt wirds dann noch geschieden von Tisch und Bett* – Schluß, aus, Amen! *Stille.*

LENI: Ob er wohl noch mal heiraten wird, der Herr Vorstand?

WIRT: Vielleicht hat er noch nicht genug. Tät er dir gefallen, der Hudetz?

LENI: *lächelt:* Er hat schon etwas Bestimmtes.

WIRT: *horcht auf:* Woher weißt du denn das?

LENI: Nur so. *Stille.*

WIRT: *macht einen Witz:* Möglich! Vielleicht wird er dich an den Traualtar führen. *Er grinst.*

LENI: *sieht ihn traurig an:* Ich bin doch ein armes Mädel, Herr Wirt - *Stille.*

WIRT: *bereut seinen Witz, nähert sich ihr langsam, umfaßt sanft ihre Taille und singt leise, um sie aufzuheitern, doch Leni bleibt unbeweglich ernst:*
Weiberl, Weiberl, sei doch nicht so hart,
Schau, die kleinen Mädchen sind so zart,
Kennst du nicht den Spruch, den alten
Laßt die Herzen nicht erkalten.
Weiberl, Weiberl, sei doch nicht so hart -
Ferdinand kommt rasch von links.
Wirt läßt Leni los, freudig überrascht. Hoppla, der Herr Schwiegersohn in spe!* Servus, Ferdinand!

FERDINAND: Servus, Vater! Wunder dich nicht, daß ich da bin. Ich bin im letzten Moment mit meinem Motorrad hinten herüber.

WIRT: Hast so viel Arbeit?

FERDINAND: Und grad heut! Heut wars schon besonders delikat, daß ich mich außerordentlich freigemacht hab wegen dem Viehmarkt -

WIRT: *überrascht:* Ihr habt heut Viehmarkt?

FERDINAND: Natürlich.

WIRT: Seit wann denn heut am Mittwoch?

FERDINAND: *wegwerfend:*   Eine   neue   Verordnung - *Begeistert.* Ochsen hats gegeben, Ochsen, wie die Ele-fanten - aber ich hab mich für keinen interessiert. Einen solchen Ochsen gibts noch nicht, der mir wichtiger wär wie die Anna.* Wo steckt sie denn?

LENI: Sie zieht sich nur um.

WIRT: *zu Leni:* Ruf sie! Schnell! *Leni rasch ab nach rechts.* Ich muß dir was sagen, Ferdinand, ich freu mich, daß du meine Anna nimmst, du wirst mein Haus schon richtig

führen. Sechsundachtzig Jahr im Besitz der Familie – das
möcht man behalten, auch wenn man nimmer lebt.
Anna kommt von rechts in einem weißen Kleid.

FERDINAND: Anna! *Er umarmt und küßt sie.*

ANNA: Das freut mich –

FERDINAND: Bist ja eine berühmte Persönlichkeit geworden,
seit wir uns vorige Woche gesehen haben, Kronzeugin in
einem Sensationsprozeß. Da schau her, wie man dich
tituliert – *Er zieht eine Zeitung aus seiner Tasche und zeigt
ihr eine Artikelüberschrift.* »Die bildhübsche Wirtstochter« – mit ganz dicken Buchstaben.

WIRT: Stolz kann sie sein.

FERDINAND: Und ich auch.

ANNA: *lächelt sonderbar:* Der Ruhm verblaßt rasch.

WIRT: Wie gewählt sie spricht. Wie fein sie sich ausdrückt,
meine Tochter.

FERDINAND: Meiner Seel, ich hab schon direkt das Gefühl,
als wär meine Braut eine Filmdiva! Geh, laß dich anschaun,
Kronzeugin, ob du dich verändert hast – *Er betrachtet sie
von oben bis unten.*

ANNA: *lächelt wieder sonderbar:* Kaum.
In der Ferne ertönt Marschmusik, die sich nähert.
Alle horchen auf.

FERDINAND: Musik?

WIRT: Sie kommen, sie kommen – *Er sieht aufgeregt auf
seine Uhr.* Stimmt! Gleich wird er da sein, der Hudetz –
unser Hudetz! Sie holen ihn von der Bahn ab, der ganze
Ort! *Anna wird blaß und faßt sich ans Herz.*

FERDINAND: Was hast denn, Anna? Wieder das Herzerl?*

ANNA: *sehr leise:* Ja.

WIRT: *zu Ferdinand:* Dieser ganze Prozeß war halt doch eine
zu gewaltige Aufregerei.

FERDINAND: *streichelt Annas Hand, zärtlich:* Aber jetzt ists
vorbei, was, Anna?

ANNA: *lächelt verloren:* Ja, jetzt ists vorbei –

WIRT: *reicht Anna ein Glas:* Trink einen Wermut, das ist und
bleibt die beste Medizin!

FERDINAND: Mir auch – *Er nimmt sich auch ein Glas, zu
Anna.* Sollst leben, Anna!

ANNA: *tonlos:* Sollst leben Ferdinand!
*Die beiden leeren ihre Gläser und nun ertönen Mar-
schmusik und Hochrufe ganz in der Nähe.*

LENI: *stürzt aufgeregt von rechts herein, auch sie hat sich
umgezogen:* Er kommt, er kommt, er kommt! *Sie rast ans
Fenster, winkt hinaus und ruft.* Hoch!
*Auch der Wirt und Ferdinand tun desgleichen. Die Sonne
verschwindet, es dämmert rasch.*

ANNA: *starrt vor sich hin, plötzlich schenkt sie sich rasch
noch ein Glas Wermut ein, tonlos:* Hoch – *Sie leert hastig
das Glas.*
*Nun tritt der Zug durch die Türe links ein, der halbe Ort ist
dabei, natürlich auch Frau Leimgruber, der Waldarbeiter
und der Gendarm in Gala mit weißen Handschuhen.*
*Hudetz taucht auf, lächelt wächsern und nickt allseits
Dank, er ist durch die Haft etwas gelb geworden.*

ALLE: Hoch! Hoch! Hoch!

WIRT: *hält eine Ansprache:* Thomas Hudetz! Lieber guter
Freund! Verehrter Herr Stationsvorsteher! Wir alle, die du
hier zu deinem Empfang versammelt siehst, waren von
deiner absoluten Unschuld immer schon eisern überzeugt –
und es gereicht mir persönlich zu einer ganz besonderen
Ehre und Freude, daß das Schicksal gerade mein Kind auser-
sehen hat, um deine Unschuld zu beweisen.

RUFE: Hoch Anna! Hoch!

WIRT: Es gibt noch einen Gott im Himmel, der über uns
wacht, damit die Wahrheit durchdringt und die Gerechtig-

keit siegt! Sei gegrüßt* du Unschuldiger, der du unschuldig
eingekerkert soviel Leid hast durchmachen müssen!
Thomas Hudetz, unser allseits geliebter Stationsvorstand
- der pflichtgetreue Beamte, er lebe hoch, hoch! *Er geht
auf Hudetz zu und schüttelt ihm die Hände.*

ALLE: Hoch! Hoch! Hoch!
Musik, Tusch.

EIN KIND: *tritt mit einem Blumenstrauß vor Hudetz, macht
einen Knicks und sagt auf:*
Hoch klingt das Lied vom braven Mann*
Wie Orgelton und Glockenklang
Wer solcher Tat sich rühmen kann,
Den lohnt kein Geld, den preist Gesang.
Gott Lob, daß ich singen und preisen kann,
Zu singen und preisen den braven Mann!
*Es macht abermals einen Knicks und überreicht Hudetz
den Blumenstrauß.*
Alle applaudieren.

HUDETZ: *tätschelt des Kindes Wangen und entdeckt plötzlich
Anna, er stockt und fixiert sie, geht langsam auf sie zu und
reicht ihr die Hand:* Grüß Gott, Fräulein Anna!

ANNA: Grüß Gott, Herr Vorstand! –

HUDETZ: Wie gehts?

ANNA: Danke, gut – *Sie lächelt.*
*Alle glotzen Anna und Hudetz an und warten neugierig
auf weitere Worte.*

HUDETZ: *wird etwas verlegen, wendet sich dann mit plötz-
lichem Entschluß ruckartig an die Anwesenden, deutet auf
Anna und ruft:* Mein rettender Engel! – Er lebe hoch!
Hoch! Hoch! *Er überreicht ihr seinen Blumenstrauß.*

ALLE: *außer sich vor Begeisterung:* Hoch, hoch, hoch!
*Im Saal wird nun das Licht abgedreht und eine Schram-
melmusik spielt einen Walzer.*

WIRT: *steigt auf einen Stuhl:* Meine Herrschaften! Darf ich
euch jetzt auffordern, euch in den Saal zu bemühen - ich

denk, wir haben alle schon einen Bärenhunger und Durst,
und außerdem wirds hier finster!
Gelächter und Bravorufe.

FERDINAND: *reicht Anna seinen Arm:* Darf man bitten –
Alle außer Leni in festlicher Laune rechts ab.
*Leni schenkt an der Schenke viele Krüge Bier ein und
summt die Walzermelodie, die aus dem Saal heraustönt,
mit.*
Alfons kommt von links.
Leni erblickt ihn, erschrickt und starrt ihn entsetzt an.

ALFONS: Guten Abend, Leni! Was schaust mich denn so an?

LENI: Sie traun sich her? Jetzt?

ALFONS: *lächelt:* Warum nicht?

LENI: Na, wo doch Ihre Schwester, die Frau Hudetz –

ALFONS: *unterbricht sie:* Ich habe keine Schwester mehr.

LENI: Das glaubt Ihnen keiner! Man wird Sie an die Luft
setzen* – passens auf!
Alfons setzt sich.
Leni ängstlich. So gehens doch, sonst werdens noch ver-
prügelt, die trinken da drinnen und schlagen Sie blutig.

ALFONS: *lächelt:* Nur zu –

LENI: *verärgert:* Wem nicht zu raten ist, dem ist auch nicht zu
helfen! *Rasch ab nach rechts mit vielen Krügen Bier.*
*Im Saal singt nun eine Sängerin »Der Lenz ist da« von
Hildach.**
*Alfons lauscht dem Gesang, erhebt sich, geht langsam auf
den Saal zu, hält jedoch wieder und zögert.*
*Die Sängerin hat nun ausgesungen, starker Applaus,
Hoch- und Bravo-Rufe im Saal.*
*Alfons schrickt auf das begeisterte Geheul hin zusammen,
setzt rasch seinen Hut auf und ab nach links.*
Stille.

ANNA: *kommt schnell und heimlich mit Hudetz von rechts,
sie reden schnell und unterdrückt. Sie sieht sich ängstlich
forschend um:* Hier sieht uns niemand.

HUDETZ: Was wollens denn eigentlich von mir?

ANNA: Ich muß Ihnen etwas sagen.

HUDETZ: Und drinnen im Saal könnens das nicht?

ANNA: Nein, dort sind nämlich alle Augen auf uns gerichtet – Herr Vorstand, ich muß Sie morgen sprechen, unter vier Augen, ich hätt Ihnen nämlich was zu erzählen –

HUDETZ: Was wollens mir denn erzählen?

ANNA: *lächelt:* Oh so viel!
Stille.

HUDETZ: Es ist besser für uns beide, wenn wir uns aus dem Wege gehen.

ANNA: Ich geh schon, ich geh schon – ich geh ja noch zu Grund – *Sie lächelt.*

HUDETZ: Still! *Er sieht sich forschend um.*
Stille.
Jetzt müssen wir wieder hinein. Was wird sich denn Ihr Bräutigam denken, wenn er uns hier sehen tät? Er tät doch denken, wir hätten was miteinander, und das hätt mir grad noch gefehlt.*

ANNA: Herr Vorstand, haben Sie ein Erbarmen mit mir – hörens mich morgen an, bitte –

HUDETZ: Sie tun ja direkt, als hinge Ihr Leben dran, daß wir uns treffen.

ANNA: Vielleicht – *Sie lächelt. Stille.*

HUDETZ: Also schön, dann morgen. Wo?

ANNA: Beim Viadukt.

HUDETZ: Oben oder unten?

ANNA: Unten.

HUDETZ: Und wann?

ANNA: Abends, um neun Uhr.

HUDETZ: Um neun? Mitten in der Nacht?

ANNA: *lächelt:* Es soll uns doch niemand sehen. Wenigstens kein Mensch.

HUDETZ: *zuckt die Schulter:* Meinetwegen!

ANNA: *hält ihm die Hand hin:* Abgemacht.

HUDETZ: *schlägt ein:* Abgemacht.

ANNA: *lächelt:* Fein! *Rasch ab nach rechts.*
Im Saal gibts nun wieder Walzermusik.
Alfons tritt links wieder ein, erblickt Hudetz und faßt sich ans Herz.

HUDETZ: *fixiert ihn, leise:* Bist du das, Alfons?

ALFONS: Ja.
Pause.

HUDETZ: *grinst:* Guten Abend, Schwager –

ALFONS: Guten Abend, Thomas, du mußt das »Schwager« nicht so spöttisch betonen – ein Weib, das sich derart benimmt, wie meine Schwester, das existiert für mich nicht mehr.

HUDETZ: Lassen wir das. Es ist alles vorbei.

ALFONS: Nicht für mich.
Hudetz horcht auf. Pause.
Zuvor war ich schon einmal hier, aber da wurde mir prophezeit, man würde mich blutig schlagen – *Er grinst und wird plötzlich wieder ernst.* Jetzt schreckt mich nichts mehr. Ich hab alles abgewogen. Es bleibt mir nur ein Weg: in aller Öffentlichkeit zu dokumentieren, daß ich von meiner Schwester abgerückt bin. Es ist auch zwischen mir und ihr aus. Ich kann mich ja überhaupt nicht mehr halten. Ich grüß und keiner dankt. Boykottiert bin ich zwar schon immer worden, aber jetzt will man mich ganz zugrunde richten – Thomas, wir zwei hatten doch nie Differenzen. Hilf mir, bitte –
Jetzt kommen aus dem Saal der Wirt, Frau Leimgruber, Ferdinand, Anna und der Waldarbeiter.

WIRT: *dreht das Licht an und erblickt Hudetz:* Da bist du ja, wir suchen dich schon – *Er stockt, denn nun erblickt er auch Alfons.* – Hoppla! Was seh ich? Du traust dich her, du?! Also das ist ja eine bodenlose Impertinenz! Raus!

FRAU LEIMGRUBER: Raus! Raus damit!

ALFONS: Nein! Ich hab euch etwas zu sagen –

WIRT: *unterbricht ihn, grob:* Uns hast du nichts zu sagen! Raus, auf der Stell, sonst garantier ich für nichts.

WALDARBEITER: *nähert sich Alfons:* Quacksalber, meineidiger* – *Er will handgreiflich werden.* *

HUDETZ: Halt! Er hat mir grad erklärt, daß er keine Schwester mehr hat –

FERDINAND: Er lügt.

HUDETZ: *scharf:* Er lügt nicht!

WIRT: *perplex zu Hudetz:* Daß grad du das sagst –

HUDETZ: Ja. Tuts mir* den Gefallen und laßt ihm seinen Frieden. *Ab nach rechts.*

VIERTES BILD

Schluchtartige Gegend, die Pfeiler des Viadukts ragen in den Himmel. Es ist eine einsame Nacht. Der Mond scheint, es wurde Herbst, und alles liegt still wie die ewige Ruh. Nur der Gendarm befindet sich auf seinem Dienstgang.

GENDARM: *hält plötzlich und lauscht in die Finsternis:* Ist dort jemand? Hallo! Wer da?

HUDETZ: *tritt vor:* Guten Abend, Herr Inspektor –

GENDARM: *beruhigt:* Ach, der Herr Vorstand! Was treiben Sie hier beim Viadukt?

HUDETZ: Ich geh nur ein bissel spazieren!

GENDARM: Mitten in der Nacht?

HUDETZ: Ich hab nichts gegen die Nacht – *Er lächelt.*

GENDARM: Passens nur auf, heut treibt sich allerhand lichtscheues Gesindel in der Gegend herum, grad hab ich die offizielle Nachricht bekommen, mir scheint, Zigeuner.

HUDETZ: *fällt ihm ins Wort:* Ich fürcht mich nicht.

GENDARM: *lächelt:* Jaja, ein reines Gewissen ist ein sanftes Ruhekissen* – einen wie langen Erholungsurlaub* habens denn bekommen, Herr Vorstand?

HUDETZ: Acht Tage.

76

GENDARM: Nur? Da dürfens aber nicht viel solche Feste mitmachen wie gestern abend – lang hats gedauert, meiner Seel! Bis sechse in der Früh!

HUDETZ: Lustig wars.

GENDARM: Und Räusch hats gegeben, schon direkt lebensgefährliche Räusch! Wie lang habens denn heut geschlafen?

HUDETZ: Überhaupt nicht. Ich schlaf neuerdings nicht gut.*

GENDARM: Kenn ich, kenn ich! Ich hab auch darunter zu leiden. Da liegt man in der Finsternis und es fällt einem alles ein – alles, was man hätt besser machen können.

HUDETZ: Das auch.

GENDARM: Also auf Wiedersehen, Herr Vorstand. Und nochmals recht gute Erholung. *Er salutiert und ab.*

HUDETZ: Auf Wiedersehen, Herr Inspektor. *Er schaut ihm nach und zündet sich dann eine Zigarette an, oben auf dem Viadukt läutet jetzt ein Signal, ähnlich dem Läutwerk im Bahnhof.* Er horcht auf und blickt empor.
Anna kommt, erblickt ihn und schrickt etwas zusammen.
Sind Sie jetzt erschrocken?

ANNA: *lächelt:* Sie standen so plötzlich vor mir –
Im fernen Ort schlägt die Kirchturmuhr.

HUDETZ: *zählt die Schläge leise mit:* – neun – ich bin schon seit dreiviertel da – *Er grinst.* Damen läßt man nicht warten.
Stille.

ANNA: *sieht sich forschend um:* Ich bin heimlich fort, denn es soll niemand wissen, daß wir uns hier treffen.

HUDETZ: Ganz meine Meinung.

ANNA: Die Leut würden nur reden und die hätten doch gar keinen Grund, nicht?

HUDETZ: Ich wüßte keinen.
Jetzt fährt hoch droben ein Zug über den Viadukt.

ANNA: *blickt empor:* Ein Personenzug –

HUDETZ: *blickt auch empor:* Nein, das ist der Expreß.

ANNA: Ich dachte, weil er so langsam fährt –

HUDETZ: Das täuscht.

ANNA: Trotzdem.
      Stille.

HUDETZ: Was haben Sie mir also zu erzählen?

ANNA: Viel. Sehr viel.

HUDETZ: Also los. Erstens, zweitens, drittens.
      Stille.

ANNA: Herr Vorstand, habens denn keine innere Stimme
      mehr?*
      Hudetz starrt sie an.
      Was würden Sie denn sagen, wenn ich jetzt hinausschreien
      würde, daß ich gelogen hab, daß ich falsch geschworen hab,
      daß Sie das Signal –

HUDETZ: *herrscht sie an:* Ruhe! *Er sieht sich um.*
      Stille.

ANNA: *leise, fast lauernd:* Was würdens denn tun, Herr
      Vorstand?

HUDETZ: Dann, hm, weiß ich heut noch nicht.

ANNA: Das ist nicht wahr.

HUDETZ: Sie müssens ja wissen.

ANNA: Oh ich hör alles.*
      Stille.

HUDETZ: Umbringen würd ich Sie nicht.

ANNA: *lächelt:* Schad.
      Hudetz horcht auf.
      Stille.
      Anna sehr einfach. Ich möcht nicht mehr leben, Herr
      Vorstand.

HUDETZ: Es war Ihre Pflicht und Schuldigkeit, so zu
      schwören, wie Sie geschworen haben.

ANNA: *fährt ihn an:* Sie irren, wenn Sie meinen, daß nur ich schuld bin, oh darauf lasse ich mich nicht ein, ich nicht.

HUDETZ: Wer wär denn sonst noch schuld außer Ihnen?

ANNA: Nein, nein, nicht nur ich!

HUDETZ: *ironisch wie ein Staatsanwalt:* Sondern? Vielleicht gar der große Unbekannte?*

ANNA: Vielleicht.
Oben auf dem Viadukt läutet wieder das Signal.
Hudetz blickt empor.
Anna bange: Was war das?

HUDETZ: Ein Signal.

ANNA: *hält sich plötzlich die Ohren zu,* *leise:* Ich hör noch immer das Geschrei – ich darf nicht allein sein, Herr Vorstand, dann kommen die Toten, sie sind bös auf mich und wollen mich holen – *Stille.*

HUDETZ: Hörens her: ich war jetzt vier Monate allein, in Einzelhaft, nur mit mir selbst persönlich* und da hatt ich reichlich Gelegenheit, mich mit meiner inneren Stimme zu unterhalten, zu jeder Stunde. Wir haben viel miteinander dischkuriert,* Fräulein Anna – und das Resultat? »Du bist ein pflichtgetreuer Beamter«, hat die innere Stimme zu mir gesagt. »Du hast noch nie ein Signal verpaßt, du bist unschuldig, lieber Thomas« –

ANNA: *unterbricht ihn:* Unschuldig?

HUDETZ: Ganz und gar.

ANNA: *fährt ihn an:* Machen Sie sichs nur nicht gar zu bequem!

HUDETZ: *schreit sie an:* Ich mach mir nichts bequem, meine einzige Schuld war, daß ich Sie damals nicht gleich verjagt hab, daß ich so höflich mit Ihnen war, daß ich Ihnen nicht gleich eine hingehaut hab,* verstanden?
Stille.

ANNA: *lächelt:* Hinhauen hätten Sie mir eine sollen?

HUDETZ: Ja. *Stille.*

ANNA: Schad, daß Sies nicht getan haben –

HUDETZ: Das tut mir selber leid.

ANNA: Hauens mir jetzt eine hin. Vielleicht wirds dann besser.

HUDETZ: *schreit sie wieder an:* Machens da keine blöden Witze, ja?!

ANNA: Das ist kein Witz. Damals, das war einer, wie ich Ihnen den Kuß –

HUDETZ: *unterbricht sie:* Redens nicht immer darüber!

ANNA: *lächelt:* Ich hab sonst nichts zu reden –

HUDETZ: Dann schweigens gefälligst, sonst passiert noch ein Unglück!
Stille.

ANNA: Wie meinen Sie das, Herr Vorstand?

HUDETZ: Was?

ANNA: Das Unglück. Wird es kommen?
Stille.

HUDETZ: *fixiert sie:* Ich bin freigesprochen, Fräulein Anna, glänzend frei!

ANNA: Dann werdens vielleicht noch etwas Größeres* anstellen müssen, damit Sie bestraft werden können – *Sie lächelt leise.*
Stille.

HUDETZ: *fährt sie an:* Schauens mich nicht so an!

ANNA: *lächelt:* Habens Angst? Vor mir?

HUDETZ: *starrt sie an:* Jetzt sind Sie ganz weiß –

ANNA: Das ist nur der Mond, Herr Vorstand –

HUDETZ: *wie zuvor:* Als hättens keinen Tropfen Blut mehr, keinen Tropfen –

ANNA: Oh ich hab noch genug! *Sie lacht.*

HUDETZ: *herrscht sie an:* Hörens auf!
Stille.
Ich geh jetzt.

ANNA: Wohin?

HUDETZ: Schlafen.

ANNA: Können Sie schlafen?

HUDETZ: Ja. *Er will ab.*

ANNA: Halt! Herr Vorstand, mein Leben ist plötzlich anders
geworden – ich hab mir nichts dabei gedacht, aber jetzt ist
alles anders und wenn die Nacht kommt, dann hab ich die
Sterne vergessen. Unser Haus, Herr Vorstand, ist kleiner
geworden, und den Ferdinand, den seh ich jetzt auch mit
ganz anderen Augen – alle sind mir so fremd geworden,*
mein Vater, die Leni, und alle, alle – nur Sie nicht, Herr
Vorstand. Wie Sie gestern gekommen sind, da hab ichs
schon gewußt, wie Sie aussehen, Ihre Nase, Ihre Augen, Ihr
Kinn, Ihre Ohren – als hätt ich mich an Sie erinnert, dabei
haben wir uns doch nie beachtet* – aber jetzt kenn ich Sie
genau. Gehts Ihnen auch so mit mir?

HUDETZ: *wendet sich ihr nicht zu, nach einer kleinen Pause:*
Ja.

ANNA: *lächelt leise:* Fein!
Stille.
Herr Vorstand, wenn ich mal sterben werd, dann werd ich
auch noch zu Ihnen gehören – wir werden uns immer wieder
sehen –

HUDETZ: *geht langsam auf sie zu, hebt langsam ihr Kinn
hoch und sieht ihr in die Augen, als würde er sie leise rufen:*
Anna, Anna –

ANNA: *sehr leise:* Erkennst mich wieder?

HUDETZ: Ja – *Er küßt sie und sie umarmt ihn.*

FÜNFTES BILD

Drei Tage später, * *wieder im Gasthaus zum Wilden Mann.*
Das »Willkommen«, die Lampions und das Tannengrün sind
verschwunden. Draußen regnets. Leni beugt sich über einen
Tisch und liest die Zeitung. Hudetz tritt links ein.

LENI: Grüß Gott, Herr Vorstand.

HUDETZ: Ein Viertel Roten – *Er setzt sich.*

LENI: *perplex:* Seit wann trinken Sie einen Roten?*

HUDETZ: Seit heut.

LENI: Komisch. *Sie schenkt ein.*
   Stille.

HUDETZ: Gibts was Neues?

LENI: *bringt ihm den Wein:* Immer noch nichts. Man tappt
   noch im Dunkeln.*

HUDETZ: Hm. *Er trinkt.*

LENI: Heut nacht werdens drei Tag, daß sie verschwunden ist,
   unsere Anna – verschwunden, als hätt sie die Erde
   verschluckt. Ich hab sie noch als letzte gesehen, – sie hat
   gesagt, sie geht jetzt schlafen, sie wäre so sehr müd
   vom Fest, aber ihr Bett war am Morgen unberührt, total
   unberührt –

HUDETZ: Hm.

LENI: Heut hat der Vater eine Belohnung ausgesetzt für eine zweckdienliche Nachricht – sie haben sich gestern lang über die Höhe beraten, er und der Herr Ferdinand. Hoffentlich ist sie nicht verschleppt worden von Mädchenhändlern oder so –

HUDETZ: Das sind Märchen.

LENI: Herr Vorstand, ich wills ja nicht laut sagen, aber ich glaub, sie lebt jetzt nicht mehr – *Sie stockt und betrachtet plötzlich interessiert seine Wange.* Was habens denn da?

HUDETZ: Wo?

LENI: *neckisch:* Wer hat Sie denn da gekratzt?

HUDETZ: Niemand. Ich hab mich nur verletzt. An einem rostigen Nagel – *Er grinst.*

LENI: *droht ihm neckisch:* Nanana! Gedanken sind zollfrei*. *Sie reinigt die Gläser.* Übrigens, wissens es schon, wer seit gestern abend wieder im Land ist? Ihre Frau.

HUDETZ: *perplex:* Wer?

LENI: Ihre Frau, mit der Sie in Scheidung leben –

HUDETZ: *fällt ihr ins Wort:* Ah, die!

LENI: Sie wohnt bei ihrem Bruder, in der Drogerie – derweil hats doch dieser Drogist öffentlich dokumentiert, daß er keine Schwester mehr hat und Sie haben ihn sogar beschützt. Was sagens jetzt?

HUDETZ: *grinst grimmig:* Ich werd bald gar nichts mehr sagen.

LENI: Und wissens, was die Leut sagen? Die findens absolut in Ordnung und keiner kritisiert. Jaja, seits die arme Anna nicht mehr gibt, ist der Drogist direkt zum lieben Gott avanciert – auf einmal redet nur alles voll Hochachtung von ihm. So wetterwendisch sind die Leut!
Die Kirchturmuhr schlägt.

HUDETZ: Ich pfeif auf die Leut! *Zählt tonlos mit.* Sechs.

LENI: Schon wieder sechs. Die Stunden gehen –

HUDETZ: Ja. *Er trinkt, dann gewollt desinteressiert, wie so nebenbei.* Warum glaubens denn, daß das Fräulein Anna nicht mehr lebt?

LENI: *sieht sich vorsichtig um und beugt sich ganz in seine Nähe, leise:* Ich schwörs Ihnen zu, sie hat sich was angetan –
Hudetz starrt sie an.
Leni fixiert ihn. Könnens das nicht begreifen, Herr Vorstand?

HUDETZ: *momentan verwirrt:* Ich? Wieso? Was wollens damit sagen?

LENI: *wie zuvor:* Habens noch nichts gehört?

HUDETZ: Was? Was hab ich denn damit zu tun? So redens doch?

LENI: Sie werden mir nicht bös sein –

HUDETZ: Ich bin nicht bös, los!

LENI: *sieht sich wieder vorsichtig um, noch leiser wie zuvor:* Seit die arme Anna verschwunden ist, glauben ihr die Leut nicht mehr – sie sagen sogar, Herr Vorstand wären sicher nicht so sehr traurig, wenn das Fräulein Anna nicht mehr reden könnt – *Hudetz starrt sie an.* Sie sagen, die Anna hätt den Tod gesucht, weil sie keine Ruhe mehr gefunden hat vor ihrer inneren Stimme.*

HUDETZ: *wie zuvor:* Innerer Stimme?

LENI: Die Leut glauben, daß unsere Anna falsch geschworen hat, einen Meineid, weil – *Sie stockt.*

HUDETZ: *lauernd:* Weil?

LENI: Weil Sie, Herr Vorstand, das Signal nicht rechtzeitig gestellt haben sollen –
Stille.
Hudetz lacht und wird plötzlich wieder ernst.
Stille.
Was werdens jetzt tun, Herr Vorstand?

HUDETZ: Ich hab das Signal rechtzeitig gestellt. Ich war immer

ein pflichtgetreuer Beamter – *Er trinkt.*
Gendarm kommt von links, er ist sehr ernst.

LENI: Grüß Gott, Herr Inspektor!

GENDARM: Ist der Herr zu Haus?

LENI: Ja.

GENDARM: Ich muß ihn sprechen, sofort.

LENI: *entsetzt:* Um Gottes willen, was ist denn passiert?

GENDARM: Wir haben die Anna gefunden. Sie ist tot.

LENI: Jesus Maria! *Sie bekreuzigt sich.* Sie hat sich also doch
was angetan.

GENDARM: Nein, sie hat sich nichts angetan, sie ist ermordet
worden.

LENI: Ermordet –

GENDARM: Wir verfolgen schon eine bestimmte Spur. Sie ist
beim Viadukt gefunden worden, unten, und wir hatten
Nachricht, daß sich lichtscheues Gesindel herumtreibt,
Zigeuner – *Zu Hudetz.* Mir scheint, ich habs auch Ihnen
erzählt, Herr Vorstand –

HUDETZ: Stimmt.

GENDARM: Das war in derselben Nacht, wo wir uns beim
Viadukt getroffen haben, unten –

HUDETZ: Stimmt.

GENDARM: Sagens, Herr Vorstand, haben Sie damals nicht
irgendwas Verdächtiges bemerkt?

HUDETZ: Nein.

GENDARM: Hm. *Er sieht Hudetz groß an.* Gottes Mühlen
mahlen langsam* –

HUDETZ: Ich habe keine Zigeuner gesehen.

GENDARM: Sie wurde auch von keinem Zigeuner ermordet. –
Wiedersehen, Herr Vorstand!

HUDETZ: Wiedersehen!
Gendarm ab nach rechts.
Stille.

LENI: *starrt ihn an:* Sie waren damals beim Viadukt?

HUDETZ: Ja. *Er erhebt sich.*

LENI: Sie gehen schon?

HUDETZ: Zahlen.

LENI: *schreit ihn plötzlich an:* Herr Vorstand, was haben Sie beim Viadukt getan?

HUDETZ: Ich? *Er lächelt.* Ich habe mich mit dem Fräulein Anna verlobt – *Er salutiert und rasch ab nach links.*

SECHSTES BILD

Drei Tage später, in der Drogerie. Im Hintergrund das Pult,
im Vordergrund links ein kleiner Tisch und zwei Stühle.
Rechts die Eingangstür und ein Teil der Auslage von innen,
links führt eine Tapetentür in die Privatwohnung. Es ist spät
am Nachmittag, kurz vor Ladenschluß.

FRAU LEIMGRUBER: Es kann Ihnen wirklich leid tun, daß Sie
nicht bei dem Begräbnis waren von dem armen Kind, es
war wirklich großartig! Von weit und breit waren die Leut
da, noch mehr wie damals bei der Eisenbahnkatastrophe,
sogar Zeitungsleut und das Grab ist abphotographiert
worden für die Illustrierte Volksstimme* von allen
Windrichtungen! Und Blumen hats gegeben – eine wahre
Pracht! Sie haben wirklich was versäumt, ich kanns zwar
lebhaft nachfühlen, daß Sie dem letzten Gang unseres
armen Annerl nicht beiwohnen wollten, wo doch Ihr
ehemaliger Schwager – versteh – versteh! Taktgefühl,
Taktgefühl! Herr, was treibens denn da?! Nein, das Paket
ist mir viel zu groß, machens mir lieber zwei.

ALFONS: Wie Sie wünschen –

FRAU LEIMGRUBER: Ich bitte darum, wissens, der Vater, der
Ärmste, schmerzgebeugt, war sehr gefaßt, aber der
Bräutigam, der Ferdinand, also der war ganz zusammen-

gebrochen, ein einziges Trumm von einer Ruine* – die Tränen sind ihm so heruntergelaufen, es war zum Herzerbarmen. Jaja, man sollte gar nicht meinen, wieviel zartes Gefühl in so einem rauhen Lackl* von Fleischhauer stecken kann und umgekehrt. Ich sag ja: grad in dem wildesten Mann pocht oft nur ein Kinderherz. Armes Annerl! Jetzt bist eingegraben und liegst allein, jetzt deckt dich niemand mehr zu, wenns regnet. Da schauns, das sind ihre Sterbebildchen, zur Erinnerung an den Todestag – da, ich schenk Ihnen eins, ich hab eh eine ganze Mass – *Sie legt eins auf das Pult.*

ALFONS: *sieht nicht hin:* Danke, Frau Leimgruber.
Stille.

FRAU LEIMGRUBER: Und wie gehts der verehrten Frau Schwester? Das werte Befinden?*

ALFONS: *lächelt:* Es geht so –

FRAU LEIMGRUBER: Natürlich, natürlich! Sie hat ja auch viel Aufregerei hinter sich, aber ich an ihrer Stell wär froh, daß er nicht mich umgebracht hat – wär ja auch möglich gewesen. Ich hab mir heut während der ganzen Trauerzeremonie gedacht, es muß doch eine gewaltige Genugtuung für sie sein, daß dieser saubere Vorstand verfolgt wird, dieser Hudetz, dieser Schwerverbrecher – hoffentlich erwischens ihn bald. Wissens, ich freu mich aufrichtig, daß das Eis um Sie gebrochen ist, alles spricht voller Ehrerbietung von Ihnen und Ihrer unglücklichen Frau Schwester, als tät sogar ein jeder ein bisserl Reue verspüren* –

ALFONS: Reue hat noch keiner bereut.* Aber ich möcht jetzt nur eins konstatieren: Genugtuung empfind ich nicht. Mir wärs lieber, die schreckliche Tat wär niemals verbrochen worden.

FRAU LEIMGRUBER: Geh – geh – geh! Also das ist schon wieder zu edel! Passens nur auf, daß Sie am End nicht zu großartig werden, denn dann werdens wieder antipathisch.

ALFONS: Ich sag nur meine innerste Überzeugung.

FRAU LEIMGRUBER: Die Wahrheit liegt woanders.

ALFONS: Meine Schwester ist angespuckt worden, weil sie die Wahrheit gesagt hat.

FRAU LEIMGRUBER: Das war eben ein Irrtum, ein krasser! Aber in dieser Thomas-Hudetz-Affäre, da gibts keine Irrtümer! Dieser Hudetz hat uns unser armes Annerl verführt, einen Meineid zu schwören, es war sein verbrecherischer Einfluß und sonst nichts, aber wie sie dann zusammengebrochen ist unter ihrer schweren Schuld und hat reuig alles bekennen wollen, da hat er sie eben einfach umgebracht – und auch nicht sie hat ihm einen Kuß gegeben, seinerzeit am Bahnhof, sondern er ihr, und auch keinen Kuß, sondern vergewaltigen hat er sie wollen, in seinem Dienstzimmer, dabei ist sie auf den Signalhebel gefallen –

ALFONS: *unterbricht sie empört:* Woher wollens denn das wissen? Waren Sie dabei?

FRAU LEIMGRUBER: Erlaubens mal!

ALFONS: Ich vertrags nicht! Ich sag sogar: solang es nicht sonnenklar bewiesen ist, daß er der Mörder ist, solang er es nicht selber gesteht, freiwillig gesteht, solang glaub ich überhaupt an keine Schuld.

FRAU LEIMGRUBER: Mir scheint, Sie glauben an überhaupt nichts mehr? An keinen Herrgott im Himmel und an gar nichts.

ALFONS: Von Ihnen werd ichs mir sagen lassen, wo der liebe Gott wohnt, was? Der Hudetz ist noch lang nicht der Schlechteste, merkens Ihnen das, Frau Leimgruber!

FRAU LEIMGRUBER: *sehr spitz:* Ah, hier wird man mit Mördern verglichen.

ALFONS: Erinnerns Ihnen nur, wie er mich in Schutz genommen hat, als Ihr mich verprügeln wolltet.

FRAU LEIMGRUBER: *gehässig:* Vielleicht wärs besser gewesen, wenn er Sie nicht beschützt hätt! Meiner Seel, mit Ihnen kann man wirklich nicht anständig verkehren – es geht und geht nicht! *Sie reißt ihm ihre beiden Pakete aus der Hand und rasch ab nach rechts.*

ALFONS: *allein. Er lächelt still und hält sich die Hand vor die Augen. Die Kirchturmuhr schlägt siebenmal. Sieht auf seine Taschenuhr:* Schluß. Wieder ein Tag – *Langsam ab durch die Eingangstür, man hört, wie er draußen den eisernen Rolladen der Auslage herunterzieht.*
Frau Hudetz kommt durch die Tapetentür mit dem Abendessen auf einem Tablett. Sie deckt den Tisch.
Alfons erscheint wieder in der Eingangstür und schließt sie von innen ab, dann setzt er sich an den kleinen Tisch und ißt.

FRAU HUDETZ: *hat sich auch bereits gesetzt und zu essen begonnen, plötzlich:* Du hast dich wieder mit der Kundschaft unterhalten, über ihn?

ALFONS: Ja.

FRAU HUDETZ: Ich habs bis in die Küche gehört, zwar nicht alles, aber du hast ihn wieder in Schutz genommen?

ALFONS: Ja.
Stille.

FRAU HUDETZ: Sag: könnten wir eigentlich nicht drüben im Zimmer essen? Hier riechts immer so nach Chemikalien.

ALFONS: Dann müßten wir das Zimmer heizen.

FRAU HUDETZ: *lächelt etwas spitz:* Ich habe nie gewußt, daß du ein geiziger Mensch bist –

ALFONS: Wenn ich nicht geizig wäre, könntest du nicht ans Meer fahren.
Stille.

FRAU HUDETZ: Dann essen wir ab morgen in der Küche.

ALFONS: Ich hab zwar noch nie in der Küche gegessen, aber bitte!
Stille.

FRAU HUDETZ: Schmeckts?

ALFONS: Ja.
  Stille.

FRAU HUDETZ: Was willst du morgen essen?

ALFONS: Was du mir kochst.

FRAU HUDETZ: *hört plötzlich auf zu essen und legt Messer und Gabel neben ihren Teller:* Manchmal frag ich mich, für welche Verbrechen wir büßen müssen –

ALFONS: Für unsere eigenen.

FRAU HUDETZ: Nein, ich habe keine –

ALFONS: Doch.

FRAU HUDETZ: Ich bin mir keines Verbrechens bewußt.

ALFONS: Das hat nichts zu sagen. Du wirst es halt vergessen haben.

FRAU HUDETZ: *spitz:* Meinst du?

ALFONS: Es ist meine innerste Überzeugung.

FRAU HUDETZ: Die Wahrheit liegt woanders.

ALFONS: Du sprichst wie die Frau Leimgruber –

FRAU HUDETZ: *sehr spitz:* Ah, hier wird man mit Verleumderinnen verglichen –

ALFONS: *lächelt:* Die Leimgruber, die Leimgruber!

FRAU HUDETZ: *fixiert ihn kalt, zuckt dann die Schultern:* Ich bin unschuldig.

ALFONS: Unschuldig?! *Er lacht.*

FRAU HUDETZ: *herrscht ihn an:* Lach nicht! Sag mir ein Verbrechen, ein einziges meiner Verbrechen!

ALFONS: *erhebt sich und geht auf und ab:* Ich erinnere mich. wie du mir gesagt hast, der Thomas will nichts mehr von mir, aber dann soll er auch keine andere anschauen, keine! Dazu hast du kein Recht gehabt, das war ein Verbrechen!

FRAU HUDETZ: *höhnisch:* Für dieses Verbrechen übernehme ich die Verantwortung.

ALFONS: Dann schrei nicht, wenn du bestraft wirst. Klag nicht an, daß du verfolgt wirst. Du warst um dreizehn Jahre älter, du mußtest es wissen und fühlen – aber du hast seine Liebe erpressen wollen, jawohl, erpressen!

FRAU HUDETZ: Bell nur! Was weißt du von uns Frauen! Dich mag ja keine –

ALFONS: *fixiert sie:* Hast du gesagt: »Ich haß ihn, jawohl ich hasse ihn, und ich könnt ihn, wenn er neben mir liegt in der Nacht, erschlagen« – *Er fährt sie an.* Hast du das gesagt? Ja oder Nein?!

FRAU HUDETZ: *unheimlich ruhig:* Ja. Aber ich hab ihn doch nicht erschlagen. *Sie grinst.*

ALFONS: Vielleicht.
Stille.

FRAU HUDETZ: Du tust ja direkt, als hätt ich das Signal verpaßt, als wären durch mich achtzehn Personen umgekommen.

ALFONS: *fällt ihr ins Wort:* Das hängt alles zusammen.

FRAU HUDETZ: *schreit ihn plötzlich an:* Hab denn vielleicht auch ich das Mädel, die Anna –
Es klopft an der Eingangstür.
Die zwei zucken zusammen und lauschen.
Frau Hudetz bange. Wer klopft da?
Es klopft abermals.

ALFONS: *wendet sich der Eingangstür zu:* Werden sehen –

FRAU HUDETZ: Gib acht, Alfons!

ALFONS: *öffnet die Eingangstür und schreckt etwas zurück, unterdrückt:* Du bists?
Hudetz tritt ein in zerknüllter Uniform, ohne Kappe.

FRAU HUDETZ: *schreit unterdrückt auf:* Thomas!
Alfons schließt rasch die Eingangstür.
Hudetz beachtet die beiden nicht, geht langsam an den kleinen Tisch, betrachtet die Reste, nimmt langsam eine Semmel und ißt apathisch. Die zwei starren ihn an.

HUDETZ: *hört auf zu essen, blickt die beiden an und lächelt:* Wie gehts euch?

FRAU HUDETZ: Thomas, hast du den Verstand verloren?

HUDETZ: *herrscht sie an:* Ruhe! Schrei nicht! *Er sieht sich mißtrauisch um.*

ALFONS: Du wirst verfolgt?

HUDETZ: *grinst:* Natürlich.
Stille.

ALFONS: Was willst du von uns?

HUDETZ: Ich hab mich bis heut im Wald versteckt und bin jetzt heimlich her – *Er grinst.* Fürchtet euch nicht. Es hat mich keiner gesehen – *Er wird ernst, sachlich.* Ich brauch einen Anzug, Zivil. Ich muß nämlich fort und das geht nicht in Uniform.
Stille.
Also bekomm ich den Anzug oder nicht?

FRAU HUDETZ: *fährt ihn an:* Was ziehst du uns da hinein zu dir?! Das wär ja Vorschubleistung. Laß meinen Bruder aus dem Spiel, du hast mich genug gequält. Laß uns in Frieden!

HUDETZ: *grinst wieder:* Habt ihr Frieden?
Stille.

ALFONS: Wir trachten nach Frieden. Und trachten guten Willens zu sein.

HUDETZ: Du vielleicht schon –

ALFONS: *herrscht ihn an:* Hör auf mit diesem Ton! Geh lieber in dich!*
Stille.

HUDETZ: *grinst:* Wohin soll ich gehen? In mich hinein? Was tät ich denn da finden?

ALFONS: Schau nach.
Hudetz horcht auf und grinst nicht mehr.
Stille.

HUDETZ: Es ist alles umzingelt mit Gendarmerie und Militär. Aber ich komm durch. Ich trete die Strafe nicht an. Ich berufe, denn ich kann nichts dafür.

ALFONS: Meinst du?

HUDETZ: Ich bin unschuldig.

FRAU HUDETZ: *lacht hysterisch:* Die Frau Leimgruber, die Frau Leimgruber!

HUDETZ: Lach nicht!

FRAU HUDETZ: Aber das ist ja auch zu komisch – *Sie setzt sich an den kleinen Tisch, beugt sich über die Tischplatte und weint.*

HUDETZ: *zu Alfons:* Was hat sie denn?
Stille.

ALFONS: Thomas, ich wollt es eigentlich nicht glauben –

HUDETZ: Was? – Ach so! – Ja, das hilft dir nichts, du mußt es glauben. – Ich hab mich mit der Anna »verlobt«.

FRAU HUDETZ: *entsetzt:* Verlobt?!

HUDETZ: *nickt ja:* Beim Viadukt. Hm – *Er lächelt.* Ich hab sie gepackt und geschüttelt, aber sie war nicht mehr da – ich hab noch nach ihr gerufen, aber sie gab keinen Laut mehr von sich. Dann bin ich nach Haus und hab mich niedergelegt. Ich hab plötzlich wieder schlafen können, seit vier Monaten, wie ein pflichtgetreuer Beamter – *Er lächelt.* Na. *Er denkt nach und faßt sich langsam an den Kopf.* Ja, und dann hätt ich euch noch was zu fragen: ich weiß, daß ich sie umgebracht hab, aber ich weiß nicht wie – wie? *Er blickt zu Alfons und Frau Hudetz.* Wie hab ich sie denn nur?*
Die zwei starren ihn entgeistert an.
Habt ihr denn nichts in der Zeitung gelesen?

ALFONS: Nein, wir wollten nichts darüber lesen.

HUDETZ: Wenn ich das nur wüßt –

ALFONS: Was wär dann?

HUDETZ: Dann – ja, dann würd ich mich kennen, besser kennen –
Stille.

HUDETZ: *zu Frau Hudetz:* Weißt du, daß ich dich immer verteidigt habe?

FRAU HUDETZ: Ja. Aber dafür hast du auch immer an eine andere gedacht, wenn du bei mir warst –

HUDETZ: *nickt ihr lächelnd zu:* An meine Verlobte* –

FRAU HUDETZ: Ach Thomas! Reden wir nicht mehr darüber, ich bin so müd.

HUDETZ: Ich auch. Aber ich muß noch weit weg –

ALFONS: *zu Frau Hudetz:* Bring ihm meinen grauen Anzug. So geh schon.

FRAU HUDETZ: *zu Alfons:* Er bringt dich noch ins Unglück!

ALFONS: Geh!
Frau Hudetz ab durch die Tapetentür.
Stille.

HUDETZ: Jemand hat mir mal gesagt: »Sie wurden freigesprochen, mein Herr und Sie werden noch etwas Großes verbrechen müssen, um bestraft werden zu können«* – *Er hält sich die Hand vor die Augen.* Wer hat denn das nur gesagt – wer?

ALFONS: Wars nicht die Anna?

HUDETZ: *zuckt zusammen und starrt Alfons erstaunt an:* Ja. Woher weißt du denn das?

ALFONS: Ich war nicht dabei – *Er lächelt.*
Stille.

HUDETZ: *fixiert Alfons:* Nicht dabei? Ich auch nicht* – *Er lächelt und entdeckt auf dem Pult das Sterbebildchen.* Was ist denn das. *Er liest.* »Zur frommen Erinnerung an die ehrengeachtete Jungfrau Anna Lechner, Gastwirtstochter dahier« – *Zu Alfons:* Wars ein schönes Begräbnis?

ALFONS: Ja.

HUDETZ: *lächelt leise und glücklich und betrachtet noch weiter das Sterbebildchen, wird ernst und liest, als würd er es nur vorlesen:*
Halte still,* Du Wandersmann

Und sieh Dir meine Wunden an
Die Stunden gehn
Die Wunden stehn
Nimm Dich in acht und hüte Dich
Was ich am jüngsten Tag über Dich
Für ein Urteil sprich –

FRAU HUDETZ: *kommt mit dem grauen Anzug und legt ihn auf einen Stuhl; zu Hudetz, der nachdenkt:* Geh jetzt, Thomas –

HUDETZ: *wie zu sich selbst:* Ja – *Er wendet sich der Eingangstüre zu.*

FRAU HUDETZ: Und der Anzug?

HUDETZ: *blickt auf den Anzug und sieht dann die zwei groß an, er lächelt:* Danke – nein – *Ab durch die Eingangstür.*

SIEBENTES BILD

Auf dem Bahndamm, wo seinerzeit der Eilzug 405 mit einem Güterzug zusammengestoßen ist. Es ist tiefe Nacht und das Signal steht auf Grün, auf freie Fahrt. Von rechts kommt der Gendarm mit aufgepflanztem Bajonett, gefolgt vom Wirt und von Ferdinand, die sich mit ihren Jagdgewehren bewaffnet haben. Sie gehen nach links.

WIRT: *hält plötzlich und lauscht in die Finsternis:* Dort ist doch einer. – Hallo! Wer da?!*
Stille.

GENDARM: Nichts. Das ist oft nur die Nacht, die man hört.

WIRT: *grimmig:* Der wird uns noch entkommen –

GENDARM: Das wird er nicht, garantiert. Die ganze Umgebung ist alarmiert, alles ist umzingelt.

FERDINAND: *schluchzt plötzlich rührselig:* Oh mein Annerl, liebes armes Annerl – wo bist du wohl jetzt?

GENDARM: Im Paradies.

FERDINAND: Was hat man davon – *Er holt eine Flasche hervor und säuft.*

WIRT: *unterdrückt:* Sauf nicht soviel.

FERDINAND: Ich sauf aber, denn ich hab sie nicht beschützt, meine Herrschaften. – Ach Annerl, Annerl, ich bin ja

überhaupt ein schlechter Mensch, ein miserabler
Charakter.

WIRT: Ermann dich.

FERDINAND: *herrscht den Wirt an:* Ich ermann mich nicht. Du
bist ja nur der Vater, aber ich, ich bin der Bräutigam und sie
war meine große Liebe, bitt ich mir aus. *Er trinkt wieder.*
Alfons kommt von rechts, erblickt die drei und hält.
Die drei erblicken ihn und starren ihn entgeistert an.

ALFONS: Guten Abend.
Stille.

WIRT: *findet als erster seine Sprache wieder:* Du, du traust
dich mir vor meine Augen –

ALFONS: *fällt ihm ins Wort:* Ja. *Zum Gendarm.* Herr
Inspektor, ich suche Sie.

GENDARM: Wo steckt Ihr Schwager?

ALFONS: *lächelt etwas unsicher:* Ach, ihr wißt es bereits –

GENDARM: *perplex:* Was denn? –

WIRT: Wie der lächelt – *Er starrt Alfons gehässig an.*

ALFONS: Ja, mein Schwager Thomas Hudetz ist heut abend
bei mir erschienen –

FERDINAND: *fällt ihm ins Wort:* Erschienen?!

ALFONS: Unerwartet.

WIRT: *höhnisch:* Unerwartet?

ALFONS: Ja. *Zum Gendarm.* Er kam zu mir und verlangte
einen anderen Anzug –

GENDARM: *fällt ihm scharf ins Wort:* Und Sie? Sie haben ihm
einen anderen Anzug gegeben, was?

ALFONS: *nach einer kleinen Pause:* Er hat es sich selbst
wieder überlegt – *Er lächelt.* Ja, er verzichtete. Und ich,
Herr Inspektor, hab es mir auch überlegt, ob man es
melden soll, daß er zu mir um Hilfe gekommen ist, aber ich
glaube, man muß es melden – auch in seinem Interesse.

FERDINAND: Der hat kein Interesse, merk dir das!*

WIRT: Wo steckt er denn, der Herr Schwager?! Wo ist er denn hin, unser geliebter Herr Vorstand?

ALFONS: Wie er mich vorhin verlassen hat, bin ich ihm gleich nach – aber dann hab ich ihn aus den Augen verloren. – Er ging den Weg zum Viadukt.

WIRT: Zum Viadukt? *Er faßt sich ans Herz.*

ALFONS: Ja. Gott steh ihm bei.
Stille.
Wirds euch jetzt klar, warum er den anderen Anzug nicht nahm?

GENDARM: Warum?

ALFONS: Ein Viadukt ist zumeist sehr hoch – *Er lächelt seltsam.*
Stille.

GENDARM: Ach, Sie meinen, daß er hinunterspringt?

FERDINAND: Hinunter?

ALFONS: Ich fürchte, daß er sich selbst richtet –

WIRT: Sich selbst richten? Also das gibts nicht. Das laß ich nicht zu! Das wär ja zu einfach. Was bildt sich denn der ein?! Mein Kind erschlagen, mein einziges Kind, und dann einfach sich selbst – ?! Ah, das wär zu bequem!

FERDINAND: Eingesperrt gehört er und geköpft.* Kopf ab, Kopf ab.

GENDARM: Ein korrektes Gerichtsverfahren –

WIRT: *fällt ihm ins Wort:* Den hole ich mir jetzt.* Zum Viadukt! *Rasch ab nach links.*

FERDINAND: Ich hol ihn auch – los, Herr Inspektor! *Zu Alfons.* Und du geh schlafen. *Rasch ab nach links.*

ALFONS: Nein, ich hol ihn auch. Er soll sich der irdischen Gerechtigkeit nicht entziehen.

GENDARM: Bravo! *Ab mit Alfons nach links.*

POKORNY: *ein seliger Lokomotivführer, tritt aus der Finsternis vor und raucht eine Virginia, er blickt Alfons nach und*

grinst: Idiot, mit deiner irdischen Gerechtigkeit –
Das Signal läutet und wechselt auf Rot. * *Ein Streckengeher erscheint auf dem Bahndamm, er trägt eine Lampe
auf der Brust und man kann sein Gesicht nicht erkennen.*

POKORNY: *leise:* Servus, Kreitmeyer!

STRECKENGEHER: *hält, er hat eine sanfte Stimme:* Meine
Hochachtung, Herr Lokomotivführer!

POKORNY: Wo steckt er denn?

STRECKENGEHER: Beim Viadukt.

POKORNY: Ist er schon hinunter?

STRECKENGEHER: Nein. Mir scheint, er hat Angst –

POKORNY: Angst? Man müßt halt noch mal mit ihm reden –*

STRECKENGEHER: *ängstlich:* Tuns das nicht!

POKORNY: Und ob ichs tu! * Und wenns mich tausend Jahre*
kostet – das ist es mir wert! Hast denn du nicht auch dran
glauben müssen?! * Warst denn du nicht auch im Zug?!
Erinnere dich nur, wie wir erwacht sind und es blieb immer
Nacht! *

STRECKENGEHER: Das schon.

POKORNY: Na also! Hoffentlich werdens ihn nicht verhaften,
bevor er noch dazu kommt –

STRECKENGEHER: *unterbricht ihn:* Still! *Er lauscht.*

POKORNY: *lauscht auch:* Ich hör ihn –

STRECKENGEHER: Er kommt.
Stille.

POKORNY: Er denkt, ein Viadukt ist zwar sehr hoch, aber
vielleicht ist man doch nicht gleich hin –

STRECKENGEHER: Er denkt, ich werf mich lieber vor den
Zug –

POKORNY: Sicher ist sicher.*
Hudetz kommt langsam von links.
*Streckengeher richtet den Lichtstrahl seiner Lampe auf
Hudetz. Hudetz erschrickt sehr und hält.*

STRECKENGEHER: Guten Abend, Herr Vorstand!
Hudetz starrt ihn entgeistert an.
Ich seh nur nach, ob alles in Ordnung ist auf der Strecke –
Hudetz erblickt Pokorny und will rasch ab.

POKORNY: Halt!
Hudetz hält.

STRECKENGEHER: Aber Herr Vorstand, der Herr Pokorny möcht doch nur reden mit Ihnen –

POKORNY: *verbeugt sich leicht:* Lokomotivführer Pokorny.

STRECKENGEHER: Bleibens nur da, wir verraten Sie nicht.

HUDETZ: *bange:* Wer spricht da mit mir?

POKORNY: Ich führte den Eilzug 405, der damals hier zusammengestoßen ist. – Was glotzens mich denn so an? Meinens, man könnt mit einem Toten nicht reden? Man kann schon, aber nur, wenn der Tote möcht – *Er lacht kurz.*

STRECKENGEHER: *lächelt:* Gelt, da wirds Ihnen ganz anders? *

HUDETZ: *schreit plötzlich den Streckengeher an:* Tuns die Lampe weg, damit ich das Gesicht seh!

STRECKENGEHER: *seelenruhig:* Ich hab kein Gesicht.
*Jetzt weht der Wind und es klingt wie Posaunen in weiter Ferne. **
Hudetz horcht auf.

POKORNY: *zum Streckengeher, heiter, jedoch nicht ohne Hinterlist:* Schau nur die Angst – er hätt zwar auch allen Grund dazu, denn wer ist denn schuld, daß ich nimmer bin.

HUDETZ: *fällt ihm ins Wort:* Ich nicht.
Stille.

POKORNY: *nähert sich Hudetz:* Also, du willst dich der irdischen Gerechtigkeit entziehen – recht hast! Was hättest auch von deinem Leben? Lebenslänglich im besten Fall.*
Stille.

HUDETZ: Was du sagst, das sind doch meine Gedanken –
aber ich geh noch etwas weiter darüber hinaus.

POKORNY: *perplex:* Darüber hinaus?

HUDETZ: Ja. Ich bin nämlich eigentlich unschuldig – und
wenn ich vor Gericht gestellt werden soll, dann möcht ich
aber gleich vor die höchste Instanz.* Wenn es einen lieben
Gott gibt,* der wird mich schon verstehen –

POKORNY: *grinst:* Sicher.
Jetzt weht wieder der Wind wie zuvor.
Hudetz horcht unangenehm wieder auf.
Anna kommt langsam von rechts und hält.

HUDETZ: *erblickt sie entsetzt:* Anna!
Stille.

ANNA: *sieht Hudetz groß an:* Herr Vorstand haben ein Signal –

POKORNY: *unterbricht sie:* Daran waren Sie schuld, Fräulein,
Sie und nur Sie.

STRECKENGEHER: Ist das auch wahr?

ANNA: *als würde sie eine Schulaufgabe aufsagen:* Er hat das
Signal vergessen, weil ich ihm einen Kuß gegeben hab, aber
ich hätt ihm nie einen Kuß gegeben, wenn er nicht eine Frau
gehabt hätte, die er nie geliebt –

POKORNY: *unterbricht sie wieder:* Was soll das?

ANNA: *sieht Hudetz groß an:* Ich kann nicht mehr lügen.

HUDETZ: *herrscht sie plötzlich an:* Hab denn ich das Lügen
erfunden?
Stille.

ANNA: *läßt Hudetz nicht aus den Augen:* Erinnerst du dich,
daß ich dich beim Viadukt gefragt hab: »Erkennst mich
wieder?«

HUDETZ: *leise:* Ja.

ANNA: Du hast mich wiedererkannt.

HUDETZ: *unsicher:* Das weiß ich nicht.

ANNA: Aber ich. Denn du hast mich genauso umarmt wie damals.

HUDETZ: Wie wann?

ANNA: Wie damals,* da wir fortgingen. Der Himmel war wie ein strenger Engel, wir hörten die Worte und hatten Angst, sie zu verstehen – oh so Angst – es waren schwere Zeiten, erinnerst du dich? Im Schweiße unseres Angesichts* –

HUDETZ: *unterbricht sie:* Du warst schuld! Wer hat denn zu mir gesagt: »Nimm! Nimm!«? *

ANNA: Ich.

HUDETZ: Und was hab ich getan?

ANNA: *lächelt:* Oh wie oft hast du mich schon erschlagen, und wie oft wirst du mich noch erschlagen* – es tut mir schon gar nicht mehr weh.

HUDETZ: Tuts dir wohl?
Anna schrickt zusammen und starrt ihn entsetzt an.
Jetzt läutet wieder das Signal und wechselt auf Grün.

STRECKENGEHER: Jetzt kommt bald der Zug.

POKORNY: Er hat meistens Verspätung.

STRECKENGEHER: Stimmt, weil er auf den Anschlußzug warten muß –

HUDETZ: *wendet sich plötzlich an Pokorny, leise:* Sag mal, wie ist es denn eigentlich drüben?

POKORNY: Bei uns? Friedlich, sehr friedlich! Weißt, wie in einem stillen, ländlichen Wirtshaus, wenns anfängt zu dämmern – draußen liegt Schnee und du hörst nur die Uhr – ewig, ewig – liest deine Zeitung und trinkst dein Bier und mußt nie zahlen* –

HUDETZ: *lächelt:* Wirklich?

POKORNY: Wir spielen oft auch Tarock und ein jeder gewinnt – oder verliert, je nach dem, was einer lieber tut. Man ist direkt froh, daß man nimmer lebt.

Nun nähert sich der Eilzug 405.
Alle horchen auf.
Pokorny leise zu Hudetz, damit es Anna nicht hört. Jetzt kommt dein Zug –
Hudetz wendet sich langsam dem Bahndamm zu.

ANNA: *schreit ihn plötzlich entsetzt an:* Nein! Was willst du tun?!

POKORNY: *zu Anna:* Mischen Sie sich da nicht hinein!

HUDETZ: *zu Anna:* Ich treff meinen Kollegen Pokorny.

POKORNY: Wir spielen Tarock.

ANNA: Tarock?

HUDETZ: Ja. Draußen liegt Schnee, aber innen im Ofen brennt das Feuer und wärmt* –

ANNA: *unterbricht ihn:* Das ist kein Feuer, das wärmt. Glaub nicht deinem Kollegen. Er will dich ja nur holen, um sich zu rächen, weil er nicht mehr lebt.

POKORNY: *zu Anna:* Ruhe!

ANNA: *zu Hudetz:* Ich bin nicht ruhig. Oh glaub es mir, es ist furchtbar, wo wir hier sind! Bleib, bleib leben, du!

POKORNY: *zu Hudetz:* Hör nicht auf sie! Der Zug kommt!

ANNA: *klammert sich plötzlich an Hudetz:* Bleib leben, du! Bleib leben! *Sie schreit.* Herr Inspektor!
Nun fährt der Eilzug 405 donnernd und pfeifend vorbei – es wird ganz finster. Als es wieder heller wird, steht Hudetz neben dem Bahndamm und links im Vordergrund der Gendarm, der Wirt, Ferdinand und Alfons. Alle anderen sind unsichtbar.

ALFONS: Thomas!

HUDETZ: *geht langsam auf den Gendarm zu:* Herr Inspektor, ich melde mich zur Stelle.

GENDARM: Im Namen des Gesetzes.

HUDETZ: *zu Alfons:* Ich hab mirs nämlich überlegt – *Er nickt ihm lächelnd zu.*

WIRT: *mit der Hand am Herz:* Endlich! Jetzt kommt dann der Kopf * dran, der Kopf –

HUDETZ: Möglich. Die Hauptsach ist, daß man sich nicht selber verurteilt oder freispricht – *Er lächelt.*

FERDINAND: *schreit plötzlich:* Fesselt ihn, fesselt ihn!

HUDETZ: Nicht nötig.

FERDINAND: Frech auch noch? Wart, dir hau ich eine hin – *Er will auf ihn los.*

ALFONS: Halt! Tuts mir den Gefallen und laßt ihm seinen Frieden!

HUDETZ: *zu Alfons:* Danke.

GENDARM: *zu Hudetz:* Kommens jetzt – *Jetzt geht wieder der Wind wie zuvor.*

HUDETZ: *horcht plötzlich auf:* Still! *Er lauscht.* Waren das jetzt nicht Posaunen? *

ALFONS: Es war nur der Wind.

HUDETZ: *nickt Alfons lächelnd zu:* Das glaubst du ja selber nicht –

NOTES TO THE TEXT

page

38 **Ein Kriminaler:** 'Detective' not to be confused with 'Krimineller', meaning a criminal.

In unseren Tagen: The play was written from 1936 to 1937 and there are indications in the text that suggest the inflation, depression and high unemployment that marked the late twenties and early thirties in Germany. Unlike many of Horváth's earlier plays this one contains no references to the political regime.

39 **Vertreter:** Here 'commercial traveller'.

40 **Elende Schlamperei:** 'appalling sloppiness'.

weil immer nur abgebaut und abgebaut wird: 'because more and more people are being laid off.' See note to p. 38 on the economic situation.

ein übles Kapitel: 'a bad business'.

was meinens: S. German for 'was meinen Sie'. Horváth's language is marked by many such S. German speech patterns, although he avoids using dialect.

41 **Kann ich ihm nachfühlen:** 'I can sympathize with it', i.e. the train. He has had an unsuccessful stay here from the point of view of sales and therefore finds it natural that a train should pass through without stopping.

das Schicksal . . . herumgetrieben: 'Fate has led me to many parts of the globe'. This is the sort of pompous,

page

self-important phrase-making typical of many Horváth characters. It might also be compared to the opening sentence of Adolf Hitler's *Mein Kampf* with its absurdly pretentious 'Als glückliche Bestimmung gilt es mir heute, daß das Schicksal mir zum Geburtsort gerade Braunau am Inn zuwies' ('Im Elternhaus', *Mein Kampf*, Munich 1938, p. 1, but written between 1923 and 1927).

fulminante Interessenlosigkeit: while 'fulminant' meaning 'sparkling' is elevated language the word that follows is in comic contrast. It might be rendered as 'scintillating display of indifference' and is a good example of oxymoron.

42 **Schönheitsschmarren:** (S. German and Austrian) 'Beauty product rubbish'. 'Schmarren' is a very commonly used word in South Germany and Austria, more as here in its colloquial sense than in its first meaning which is a kind of pancake, cut up into small pieces, often 'Kaiserschmarren'.

Von mir aus: 'As far as I'm concerned'.

faustdick hinter den Ohren: 'she knows what it's all about, all right'.

Dem Herrn sein halbes Kind: S. German use of the attributive dative: 'The girl that this gentleman said was still half a child.'

die personifizierte Unschuld in persona: 'innocence personified in person' this redundant use of 'in persona' is typical in uneducated speech, especially when used, as here, to suggest erudition. The irony of the statement will soon become apparent. 'Schuld' and 'Unschuld' will become key words in the play.

Der Einbruch der Plebejer. Der Untergang des Abendlandes: a popular saying, to suggest the imminent collapse of western civilization. The second part is the title of a book by the philosopher Oswald Spengler (1880–1936) which made the saying familiar.

43 **Brüderlein und Schwesterlein:** These diminutive forms

page

are normally used to demonstrate affection. Here, as the stage direction indicates, they are used ironically by Frau Leimgruber.

43   **Aber die Stimme:** The 'inner voice' heard by more than one character in the play comes from a poem by Friedrich Schiller (1759–1805) called 'Hoffnung' (1797): Und was die innere Stimme spricht,/Das täuscht die hoffende Seele nicht.

gordischer Knoten: 'Gordian knot'. This was to be found in the temple to Zeus in Gordion. Anyone who could untie the knot would, according to the Oracle, become the Lord of Asia. It is said that Alexander the Great went to Gordion in 333 BC and cut the knot with his sword. The phrase is commonly used in English and in German to suggest a situation that has become impossible.

44   **ich tät lieber:** 'I would rather' – in S. German this use of 'tun' as an auxiliary verb instead of the correct 'werden', i.e. ich würde lieber, is very common.

kreuzbrav: 'very good', often used referring to a well-behaved child.

Affenschand: For 'Affenschande', 'a crying shame'.

sekkiert: 'nags' or 'goes on at'.

Nocken: (Austrian) 'silly cow'.

daß er nur so staubt: 'till the dust comes out', i.e. from your clothes, as a result of being vigorously beaten.

Was für ein Hintern?: 'Whose backside are you talking about?'

45   **Aber die lieben Leut . . . für sich:** This might best be translated by the English saying 'There's nowt so queer as folk'.

draufgehen: Colloquial for 'to die'.

Ein unangenehmer Mensch . . . behandelt hat: 'An unpleasant character, the way he treated me today'.

46   **in der Inflation:** A clear reference to the devastating inflation which hit Germany in the twenties and

page

destroyed the savings of millions of people.

Jaja, die Herren Weiber . . . wieder um: This delightful piece of homespun philosophy from the phrase-making Vertreter is difficult to render effectively in English: 'Yes, yes, women, our lords and masters, are responsible for bringing us into the world and for putting us into the grave.'

ein Fleischhauer von auswärts: i.e. he is not an inhabitant of this village.

47 **Ihr bewußtes halbes Kind:** 'the one you said was still (half) a child'.

Ein Mordstrum Mannsbild, aber ein sanfter Charakter: 'a great big hunk of a man, but a gentle character'; like Oskar, the butcher-fiancé in Horváth's most famous play *Geschichten aus dem Wiener Wald*, Ferdinand is described as a gentle giant. Note how his actions and utterances, like Oskar's, give the lie to this description.

fängst schon wieder an?: 'You're not going to start (talking about) that again?'

48 **Gesichterl:** S. German diminutive of 'Gesicht'.

Sonst blamierst dich noch tödlich: 'If you do, you'll make a real fool of yourself'.

Sterndel: S. German diminutive for 'Sterne'; such a kitschy invocation of the stars is typical of Horváth's characters, especially when they cannot think what to say.

um viere aus den Federn: 'out of bed at four in the morning'.

49 **Geh, bildens Ihnen doch nichts ein:** S. German for 'Bilden Sie sich doch nichts ein'.

50 **ein bisserl:** S. German for 'ein bißchen'.

daß man niemand kränken . . . werden: 'that one must hurt nobody in order not to be punished' i.e. punishment will surely come if you *do* hurt anyone.

Wollens: S. German for 'wollen Sie'.

Himmel tu dich auf: An expression of horror, which also suggests the idea of the Last Judgment of the title.

page

51   **ein pflichttreuer Beamter:** 'a dutiful (or duty-conscious) official'. This is a formula that Hudetz hides behind, as did and do many people when justifying their behaviour; what they are in fact doing is often denying their own share of responsibility, claiming that they are just obeying orders.

52   **Schaulustige:** The word implies eager spectators at some gruesome spectacle.
     Also das ist Gottes Hand, auf und nieder: The humour of this line, suggesting as it does divine intervention causing the crash, is apparent from the stage direction: it is clearly the Wirt's hand rather than God's which is holding Leni.

53   **um ein Haar . . . gewesen:** 'another split second and yours truly would have had it'; 'habe die Ehre' is an especially Austrian and S. German form of farewell.
     Ein Heizer ist auch sehr wichtig . . . wie ein Lokomotivführer: Even in such extreme circumstances the stoker is capable of being pompous and self-important, as he is on the next page too during his interrogation.

54   **Und wer ist schuld?:** The motif of guilt and innocence, already seen in the Erstes Bild, now becomes central to the play (see also Introduction p. 25).
     Die Sonne bringt es an den Tag: See Introduction p. 16. As well as being a quotation from Chamisso's ballad, this line also plays its part in the light and dark imagery that runs through the play.
     halt: A very common filler-word in S. German; it adds nothing to the meaning.

55   **Wörtel:** S. German diminutive of 'Worte'.
     die täten schön . . . zuhalten!: See note to p. 44 on 'tun' as auxiliary verb: 'they'd be shouting all right, so much so that you'd have to put your hands over your ears.'
     ein undefinierbares Gefühl: This is a set phrase. In English the equivalent might be 'I've got a hunch . . .' or 'A strange feeling tells me. . . .'

page

56 **ich freß einen Besen:** 'I'll eat my hat' (Besen = 'broom')

57 **Zur Sache:** 'To the point' or 'To the facts'.

58 **der große Unbekannte:** Another commonly used and ironic phrase for an unknown and usually non-existent person, used by a guilty person to exculpate himself. The phrase goes back to the Bible (Job 36:26).

59 **Immer schön der Reihe nach:** 'Everything calmly and in the right order'.

laßt: S. German for 'läßt'.

60 **die Beziehungen· erkaltet sind:** i.e. sexual relations between them have ceased.

wenn man sich selber etwas vormacht: 'if you delude yourself about something'.

gericht: S. German dialect for 'gerichtet'.

61 **Gebens Ruh:** 'Shut up'.

62 **streunen:** Usually used of roaming dogs!

spielen Sie sich nicht mit mir: 'Don't you dare provoke me' or 'Don't you go making insinuations'.

kuschen: (from the French 'coucher') 'to lie down and keep quiet'; more usually a term used for dogs, e.g. 'Kusch!'

Stück: Highly pejorative, 'slut'.

Mich trifft der Schlag: 'Oh no! That's the limit!'

Es gibt einen Gott der Rache: This comes from Deuteronomy 32:35: 'Vengeance is mine.' It is quoted by Saint Paul in Romans 12:19, with the addition of 'saith the Lord'.

63 **reißens ihn da hinein:** 'that's why you're making trouble for him' or 'that's why you're dropping him in it'.

so wahr mir Gott helfe: 'as God is my witness' or 'so help me God'.

Sie hört oft Stimmen: See note to p. 43.

64 **Krakeel:** 'racket', 'row'.

Die Sonne dürfte . . . bringen: i.e. The truth will come to light. See note to p. 54.

65 **An der Wand ein Bild des wilden Mannes:** This picture, dominating the scene, is an ironic comment on the primitive nature of most of the men in the play, especially the Wirt and Ferdinand.

66 **Erinnerns Ihnen:** S. German for 'Erinnern Sie sich'.
freigesprochen: This had originally been the title of the play. See Introduction, p. 16.

67 **Tja, man darf Gott nicht ungestraft herausfordern:** 'Yes, one cannot provoke God without calling down his wrath'. Cf. note to p. 50.
Sterbenswörtel: 'A blind word'.
wenns ihr kein Meineidsverfahren hinaufhauen: 'if they don't slap a perjury charge on her'.
Die gibts nicht mehr, das war einmal: 'she no longer exists, that was once upon a time'.
Tisch und Bett: 'bed and board'.

68 **Schwiegersohn in spe:** 'prospective son-in-law'; this Latin phrase 'in spe' (in hope) is very common in Austria.
der mir wichtiger wär wie die Anna: 'Who could be more important to me than Anna is'; note how he is, by implication, comparing her to cattle.

69 **Herzerl:** S. German diminutive for 'Herz'.

71 **Sei gegrüßt:** Here the Wirt is actually quoting from the 'Ave Maria', lending to Hudetz's exculpation a grotesquely exaggerated, quasi-religious significance.
Hoch klingt das Lied vom braven Mann: 'Lied vom braven Mann' by Gottfried August Bürger. As Meinrad Vögele points out (op. cit., p. 135), this song not only represents the popular opinion of the community, but also shows as a consequence of this the 'Heroisierung' of Hudetz.

72 **Man wird Sie an die Luft setzen:** 'They'll sling you out'.
'Der Lenz ist da' von Hildach: (Eugen Hildach, singer and composer, 1849–1924). Horváth uses this song, not to illustrate the season (it is autumn) but the mood of the people, who are ready for a fresh start, as is Hudetz, now

page

that he has been declared innocent. It is of course ironic since we know that he is not innocent and this is anything but a fresh new start. Interestingly, Horváth also used the song title 'Der Lenz ist da' as the title for a proposed play about education in Nazi Germany which he drafted out in 1934. As a sub-title to this work he also put 'Ein Frühlingserwachen in unserer Zeit'. This phrase survives in the novel *Jugend ohne Gott*. Again, in these instances, the references to spring are ironic: on one level they are indeed about the awakening to adulthood and sexuality of adolescents; on another level the 'spring awakening' is to be equated with the Nazi ideology planted and growing in the young, which is anything but pure and vernal.

73 **Er tät doch denken . . . gefehlt:** 'He'd think there was something going on between us (i.e. a love affair) and that'd be the last straw'.

75 **Quacksalber, meineidiger:** 'You quack, you perjurer!'
Er will handgreiflich werden: 'He's about to strike out with his fists'.
Tuts mir: S. German for 'Tun Sie mir'.

76 **ein reines Gewissen ist ein sanftes Ruhekissen:** proverbial saying 'a clear conscience makes a soft pillow', cf. English: 'A quiet conscience sleeps in thunder'.
Erholungsurlaub: i.e. the period of time he's been given by his employers to recover after his release from custody.

77 **Ich schlaf neuerdings nicht gut:** This statement and the Gendarm's own admission about not sleeping are somewhat ironic in the light of the proverb that the Gendarm has just quoted! See note to p. 76.
auf dem Viadukt . . . Bahnhof: All the stage directions here, the noises that are heard, recall a previous occasion, namely the moment before the disaster occurred at the end of the Erstes Bild. Once again it is nine o'clock, the only difference is that now it is dark, the moon and

page

not the sun casts its cold light over the scene.

78   **keine innere Stimme mehr:** See note to p. 43.

Oh ich hör alles: This somewhat mystifying comment is probably picking up the 'innere Stimme' she has just mentioned, but it may also refer to hearing all the gossip that people talk. Also it is perhaps a way of telling Hudetz that she knows what is going on in his mind.

79   **Vielleicht gar der große Unbekannte:** See note to p. 58.

hält sich plötzlich die Ohren zu: Cf. p. 54 and note.

mit mir selbst persönlich: Note the superfluous use of 'persönlich', by means of which Hudetz aims to add substance to what he is saying (cf. Frau Leimgruber, note to p. 42).

dischkuriert: An ignorant attempt at the word 'diskutiert'.

daß ich Ihnen . . . hingehaut hab: 'that I didn't thump you one right away'.

80   **noch etwas Größeres . . . können:** Cf. notes to pp. 67 and 50 on divine punishment.

81   **alle sind mir so fremd geworden:** 'I've grown so apart from them all', 'they've all become so alien to me'.

dabei haben wir uns doch nie beachtet: 'although we've never really taken much notice of one another before'.

82   **Drei Tage später:** Just as Christ rose from the dead on the third day after his crucifixion, so here Anna 'comes back', i.e. her body is found.

einen Roten: The fact that Hudetz has changed his habits and is now drinking *red* wine may be seen as symbolic of spilt blood.

Man tappt noch im Dunkeln: See Deuteronomy 28:29 for the origin of this phrase. It comes in a long list of the very dire consequences of not listening to the voice of the Lord.

83   **Gedanken sind zollfrei:** 'It's a free country and you can think what you like' or 'There's no tax on thoughts'. More usually the saying runs 'Gedanken sind frei' but Horváth uses this version in other instances as well.

page

84   **vor ihrer inneren Stimme:** See note to p. 43.

85   **Gottes Mühlen mahlen langsam:** In English 'God's mill grinds slow but sure'. This is not from the Bible, although it sounds as though it might be.

87   **die Illustrierte Volksstimme:** An appropriate name for a paper of the tabloid variety; indeed it might be considered a fitting name for Frau Leimgruber!

88   **ein einziges Trumm von einer Ruine:** 'a complete wreck of a ruin', i.e. 'an utterly broken man'.

   Lackl: Austrian for 'oaf' or 'hunk'.

   Das werte Befinden?: 'Is she in good health?' Das Befinden = 'state of health'. This is rather high or elevated style and is in sharp contrast with Frau Leimgruber's comments in the Erstes Bild.

   als tät sogar . . . verspüren: 'as though every single person was feeling a bit of regret'.

   Reue hat noch keiner bereut: 'No one has ever regretted having regrets'.

93   **Geh lieber in dich:** Compare this with what the Staatsanwalt says in Zweites Bild, p. 58.

   Wie hab ich sie denn nur?: i.e. 'How could I have killed her?'

95   **An meine Verlobte:** See p. 86 and also p. 94. Here Hudetz is admitting his feelings for Anna in a most explicit way.

   'Sie wurden freigesprochen . . . bestraft werden zu können': See p. 81 and note.

   Nicht dabei? Ich auch nicht: This paradoxical utterance, coming only minutes after Hudetz has 'confessed' to the murder, suggests that he is now a different person, that the man who murdered Anna was his former, unrepentant self. The new Hudetz is the man who has begun to win through to self-knowledge and to recognition of his own guilt.

   Sterbebildchen: At Catholic funerals it is customary to

page

distribute pictures of the person who has died with a
verse, either made up (as this one is) or more usually
from a prayer or from the Bible.

95   **Halte still:** In this short verse there are several points of
importance: 1) The words are spoken as if by Christ on
the Cross, as would be found on a wayside pulpit. There
is therefore an implied association between the murdered Anna and the crucified Christ. Christ's death was
to redeem the world: Anna's death may well be seen to
show Hudetz the way to repentance, admission of guilt
and ultimately redemption. 2) The words 'Die Stunden
gehn' have already been used by Leni (see p. 83) and the
sounding of the church clock has been conspicuous in
the Viertes and Fünftes as well as the Sechstes Bild. 3)
The play's title is incorporated into the last two lines and
also the word 'Urteil', meaning 'judgment'. The Christian symbolism and emphasis here is unmistakable.

97   **Dort ist doch einer. – Hallo! Wer da?!:** Compare this
with the opening words of the Viertes Bild.

98   **Der hat kein Interesse, merk dir das:** 'There's no question of anything being in his interest and just you
remember that!'

99   **Eingesperrt gehört er und geköpft:** 'He should be locked
up and beheaded': the logic of Ferdinand's demands is
somewhat shaky, to say the least!
Den hole ich mir jetzt: 'I'm going to get him now'. To
'get' here in the English sense of 'to be out to get
someone', rather than just to 'fetch'.

100   **Das Signal läutet und wechselt auf rot:** Note how the
change to red occurs with the appearance of the dead,
who are also out for revenge rather than justice.
Man müßt halt noch mal mit ihm reden: The suggestion is
that they have already talked to Hudetz. Possibly they
may be considered as having been the 'innere Stimmen'
heard earlier, since there has been no mention of the
dead appearing previously, except perhaps in Anna's

page

head (see p. 78 and note). They are certainly not souls who have found peace and they are decidedly filled with thoughts of revenge. Anna had said (p. 79), '. . . dann kommen die Toten, sie sind bös auf mich und wollen mich holen'.

Und ob ichs tu: 'I most certainly will (talk to him)!'.

tausend Jahre: A thousand years is the period for which Satan was bound. Such a reference to the Revelation of St John the Divine (20:2.: 'And he laid hold on the dragon, that old serpent, which is the Devil and Satan, and bound him a thousand years') is highly appropriate in the final scene of a play called *Der jüngste Tag*.

auch dran glauben müssen: 'had to die too'.

und es blieb immer Nacht: Their awakening after death in the crash suggests not Paradise but the darkness of Hell.

sicher ist sicher: 'Better safe than sorry', which is more than a little ironic, given the circumstances!

101 **Gelt, da wirds Ihnen ganz anders?:** 'That makes you feel a bit funny, doesn't it?'

es klingt wie Posaunen in weiter Ferne: In German the Apocalypse was heralded by the 'Posaune' (trombone) whereas in English it is the trumpet (see Revelation 1:10: 'I was in the Spirit on the Lord's day, and heard behind me a great voice, as of a trumpet'). The central number in Revelation is seven and again it is appropriate that Horváth uses seven Bilder in this play, the last of which shows the dead rising from their graves, as at the Last Judgment.

Was hättest du . . . besten Fall: 'What would you get out of the rest of your life? The best you could hope for would be a life sentence.' Note the pun on 'Leben'.

102 **die höchste Instanz:** i.e. 'God'. 'Eine Instanz' is a 'person in authority', cf. also 'höhere Instanz', 'higher authority' and 'appellate court'; 'letzte Instanz', 'last resort', 'final jurisdiction'.

page

102   **Wenn es einen lieben Gott gibt:** 'If there is a God'. Even
      at this stage there is no certainty expressed.

103   **damals:** In the following Anna and Hudetz literally
      'become' Adam and Eve for a few moments, thereby
      standing in the play as representatives of all humanity,
      the first man and the first woman at the moment of the
      Fall. (See Genesis 2 and 3.)

      Im Schweiße unseres Angesichts: Genesis 3:19: 'By the
      sweat of thy face shalt thou eat bread, till thou return
      unto the ground.'

      Nimm! Nimm!: Another reference to Genesis 3 where
      Eve gives the fruit to Adam after the serpent has per-
      suaded her to eat it. The Fall, for Hudetz and Anna,
      was the moment of the kiss at the end of the Erstes Bild.

      **Oh wie oft hast du mich schon erschlagen, und wie . . .
      erschlagen:** Obviously this is not to be taken literally,
      since Hudetz has (and indeed can only have) murdered
      Anna once. It is far more to be taken in the sense of the
      Last Judgment as mentioned in Matthew 25:31–46.
      Here Christ divides up the sheep and the goats. Those
      who are condemned to 'everlasting fire' are those who
      ill-treated anyone. 'Inasmuch as ye have done it unto
      one of the least of these my brethren, ye have done it
      unto me.' Once again Anna is seen as taking on an
      almost Christ-like role. See also Hebrews 6:6 'Crucify
      the son of God afresh'.

      Weißt, wie in einem . . . und mußt nie zahlen: This
      description of what it is like 'drüben' is more like the
      atmosphere of a South German or Viennese beer-hall
      than anything else! It is similar to the one in Horváth's
      play *Italienische Nacht* and also to the description of
      Heaven in Horváth's play *Himmelwärts*. The only two
      hints that all may not be well are the mention of snow,
      always a symbol of metaphorical as well as literal cold
      in Horváth, and the idea that this is to last for ever.

104   **Ja. Draußen liegt Schnee, aber . . . wärmt:** The fires of

page

Hell are clearly implied here by Horváth, as Anna warns in the next line. This combination of snow and heat is also reminiscent of the end of *Don Juan kommt aus dem Krieg* (see Introduction p. 7).

Endlich! Jetzt kommt dann der Kopf: While this obviously echoes Ferdinand's demand for revenge (see p. 100 and note) there is also the suggestion that Hudetz has at last 'used his head', although the same may not be said of the Wirt and Ferdinand.

105 **Waren das jetzt nicht Posaunen?:** See note to p. 101. The final sound and the final words of the play once again underline the play's title and suggest that Hudetz, because of his newly-acquired self-knowledge and acceptance of his guilt, is now ready for the Last Judgment.

SELECT VOCABULARY

(Separable verbs marked *)

abbauen* to lay off, make redundant

das **Abendland** the west, Occident

abermals and again, once again

abrücken* to move away

abwiegen* to weigh up

die **Affenschand'** absolute scandal (**die Schande** scandal)

der **Alltag** everyday (routine)

anfahren*, jemanden anfahren to go for somebody

das **Angesicht** face, countenance

anherrschen* to shout at

anrühren* to touch

anspucken* to spit at

anständig decent

anwenden*, sich anwenden an (+ ACC) to turn to

aufmerksam, jemand auf etwas aufmerksam machen to draw someone's attention to something

aufpflanzen*, mit aufgepflanztem Bajonett with fixed bayonet

die **Aufräumung** clearing-up

auftauchen* to appear, to crop up

sich **ausdrücken*** to express oneself

die **Auslage** display (in shop)

die **Ausnahme** the exception

ausschließen* to exclude

aussehen* to seem, appear

aussetzen*, eine Belohnung aussetzen to offer, put out a reward

ausstehen* to bear, put up with

auswärts out of town, i.e.

not from the village

die **Bahnsteigschranke** the barrier on a railway platform

die **Baumsäge** large saw

beehren to honour

sich **begeben auf** (+ ACC) to make one's way to

das **Begräbnis** burial, funeral

begreiflich understandable

behandeln to treat, deal with

beiwohnen* to be present at

beklagenswert lamentable

belasten to incriminate (usu. to burden)

belehrend informative

die **Belohnung** reward

sich **benehmen** to behave

bereuen to regret

sich **beschäftigen mit** (+ DAT) to concern oneself with

beschwören to swear

besichtigen to look at, view, cast an eye over

besorgt concerned

bestätigen to confirm

bestrafen to punish

bewaffnen to arm

beweisen to prove

bewußt consciously

sich **blamieren** to make a fool of oneself

blättern in (+ DAT) to leaf through

boshaft maliciously

brummen to throb

büßen to atone, do penance

dämmern to grow dark, to grow light

derart of such a kind, in such a way

deuten auf (+ ACC) to point to

der **Dienstgang** round or tour of duty

drängen to throng, press

draufgehen* to die

drohen (+ DAT) to threaten

durchdringen* to break through

durchlöchern to punch a hole in (tickets etc.)

die **Ehrerbietung** deference, respect

der **Eid** oath

die **Eifersucht** jealousy

sich **einbilden*** to imagine

der **Einbruch** break-in

eindringlich insistent

der **Eindruck** impression

eingreifen* to intervene

einkerkern* to incarcerate, imprison

einschenken* to pour out

eintreffen* to arrive

die **Einzelhaft** solitary confinement

emporblicken* to look upwards

empört outraged, incensed

emsig industrious, busy

entgleisen to be derailed, to come off the rails

entkommen to escape

die **Entlastungszeugin** defence
        witness

entsetzt appalled,
        horrified

entziehen to withdraw,
        escape from
        (also reflexive, both +
        DAT)

das **Erbarmen** mercy, pity

erfinden to invent

der **Erholungsurlaub** holiday
        for recuperation
        (often after illness)

sich **ermannen** to get a grip on
        oneself

erpressen to blackmail

der **Erregungszustand** state of
        agitation

erschlagen to kill, strike
        dead

fahl pale

die **Fahrtrichtung** direction of
        travelling

fesch smart, attractive

fesseln to bind, tie up,
        fetter

die **Finsternis** darkness

forschend enquiringly,
        searchingly

frech cheeky

freisprechen* to acquit

der **Frieden** peace

friedlich peaceful,
        peaceable

gebildet educated

der **Gefallen, jemandem einen
        Gefallen tun** to do

someone a favour

gefallen (+ DAT) to
        please, **es gefällt mir**
        I like it

gefälligst kindly

gefaßt calmly

die **Gehaltsaufbesserung** wage
        increase, salary
        increase

gehässig spiteful

die **Geisteskrankheit** mental
        illness

geizig mean, miserly

genügen to suffice

die **Genugtuung** satisfaction

das **Gerichtsverfahren** proper
        trial, legal
        proceedings

geschmerzt hurt, pained

geschwätzig talkative,
        gossipy

das **Gesindel** rabble

gewollt forced, artificial

glotzen to gape, stare

grimmig furious, grim

grob coarse

der **Grobian** ruffian, boor,
        lout

großartig magnificent

der **Güterzug** goods train

handgreiflich violent (i.e.
        using one's hands)

hauen to hit, strike

der **Heilige** saint

heiter cheerful

der **Heizer** stoker

herausputzen* to
        decorate, deck out

der **Heu** hay

sich **hineinmischen*** to meddle in

die **Hinterlist** craftiness, cunning

die **Hochachtung** deep respect

höhnisch scornful, sneering

hüten to guard

sich **hüten, werd mich hüten!** Not likely! I'll do no such thing!

die **Instanz** the authority

der **Irrtum** error, mistake

das **Jagdgewehr** hunting-rifle

die **Jungfrau** Virgin (Mary)

die **Kanaille** scoundrel

kleinlaut subdued, shamefaced

köpfen to behead

der **Krach** noise, bang crash

kränken to wound, injure, hurt

kreuzbrav good as gold

die **Kundschaft** customers, clientele

künstlich artificial

kuschen to lie down

der **Lackl** hunk (of a man), oaf

der **Lampion** Chinese lantern

lauern to lie in wait

lauernd furtive

lauschen to listen

das **Läutwerk** signal bell (railway)

leiden to suffer

leihen to lend

leutselig affable

lichtscheu shady; in **lichtscheues Gesindel** shady rabble

der **Lichtstrahl** beam of light

lösen, sich eine Karte lösen to buy oneself a ticket

loskriegen* to get rid of

sich **losreißen*** to tear, pull oneself away

loswerden* to get rid of

der **Luchs** lynx

lustig merry, lively

der **Meineid** perjury

melden to announce, report

das **Menü** set meal

die **Milchglasscheibe** frosted glass window pane

mitteilen* to inform of, to communicate, to tell

die **Mühle** mill

mutterseelenallein absolutely alone, all on one's own

nachschleichen* (+ DAT) to creep after

neckisch teasingly

neugierig curious, inquisitive

nicken to nod

die **Nocken** bag, hag (pejorative for woman)

nötig necessary

die **Öffentlichkeit** public

Pa Goodbye

der **Pensionsanspruch** right to a pension

der **Pfeiler** pillar, buttress (of a bridge)

der **Pflicht** duty

pflichtgetreu dutiful

pflichttreu dutiful

plärren to shriek, bawl, howl

die **Posaune** trombone

die **Posaunen des Jüngsten Gerichts** the Last Trump

die **Pracht** magnificence, splendour

preisen to praise

das **Pult** desk

quälen to torment

rabiat violent, wild, furious

die **Rache** revenge

sich **rächen an** (+ DAT) to take one's revenge on

ragen to tower up

rauh rough, tough

der **Rausch** intoxication, inebriation

reinigen to clean

retten to save

reuig contrite, penitent

sich **richten** to pass judgment on oneself (i.e. here, 'to take one's own life')

richten to direct (here 'to direct a beam of light').

riechen nach (+ DAT) to smell of

der **Rolladen** window shutter

rostig rusty

der **Ruck** jolt

ruckartig jerkily

der **Ruhm** fame

rührselig touching, tear-jerking

zur **Sache** Come to the point!

sachlich factual, objective

sanft mild, gentle

sich **satt sehen an** (+ DAT) to see enough of

in Schach halten to hold in check

der **Schädel** skull

schadenfroh gloating

das **Schandweib** disgrace (of a woman, as in 'she's a disgrace')

schaufeln to shovel

die **Schaulustigen** eager onlookers

sich **scheiden** to get divorced

die **Scheidung** divorce

die **Schenke** bar, inn

scheuen to avoid, shun, shy away from

die **Schiene(n)** railway track

schimpfen to scold, swear, get angry

schlachten to slaughter

die **Schlamperei** sloppiness

schluchtartig ravine-like

schlucken to swallow

sich **schmiegen an** (+ ACC) to cuddle, nestle up to

schneiden, ein Gesicht schneiden to pull a face

die **Schrammelmusik** music for violin, guitar, accordion (esp. Viennese)

sich **schreiben** to be called (literally 'to be written')

schüchtern shy, timid

in Schutz nehmen to protect

der **Schutzengel** guardian angel

der **Schwager** brother-in-law

seelenruhig calmly, cool as a cucumber

sekkieren to torment

selig, ein seliger Lokomotivführer a late (i.e. dead) engine-driver

der **Semmel** bread roll

seufzen to sigh

sicher safe, certain

sicher ist sicher better safe than sorry

der **Signalhebel** lever for operating the signal

spitz pointed

spöttisch mocking

die **Spur** track, trail, trace

der **Stammtisch** reserved table for regulars

der **Stationsvorstand** station-master

stauben to make a cloud of dust

der **Stock** floor, storey (of building)

stocken to stop, pause, falter

stramm upright, erect

der **Streckengeher** track inspector, platelayer

streunen to roam, wander about

das **Tablett** tray

die **Tapetentür** concealed door

tapfer brave, bold

tappen to grope, go hesitantly, feel one's way

tätscheln to pat

täuschen to deceive

trachten nach (+ DAT) to strive for

die **Trümmer** (pl.) rubble

tüchtig competent, efficient

überlegen to think

sich **überlegen** to think over

übernächtig bleary-eyed

übernehmen, die Verantwortung übernehmen to assume responsibility

überrascht surprised

überreichen to hand over

überreizen to overtax, overstrain

die **Überzeugung** conviction

übrigens incidentally, by the way

umarmen to embrace
umbringen* to kill
umgekehrt the other way around, vice versa
umzingeln to surround
unabsichtlich unintentional
unerwartet unexpected
ungeduldig impatient
ungemütlich uncomfortable, unpleasant
ungesühnt unatoned, unexpiated
unheimlich weird, eerie, sinister
unselig unfortunate, ill-fated
unterbrechen to interrupt
unterdrückt restrained
sich **unterhalten mit** (+ DAT) to talk to
unterrichten to teach, instruct
unwillkürlich unwittingly
urteilen to judge

verantwortlich responsible
die **Verantwortung** responsibility
der **Verband** bandage, dressing
verblassen to fade, grow pale
der **Verdacht** suspicion
verfolgen pursue
verführen to seduce
vergewaltigen to rape, violate
vergleichen to compare
verhaften to arrest

verhauen to beat
verheimlichen to conceal, hide
verheult swollen from crying
verkehren converse
verlangen to demand
sich **verlassen auf** (+ ACC) to rely on
verlegen embarrassed
verleumden to slander
der **Verleumder, die Verleumderin** slanderer
vernageln to nail down
vernehmbar audible, perceptible
sich **verneigen** to bow
verpassen to miss
verprügeln to beat up, thrash
verraten to betray
verrückt mad, crazy
versammeln to gather
verschleppen to abduct
verschlucken to swallow up
verschweigen to keep silent, to conceal
verspüren to feel, be aware of
versteckt hidden
verteidigen to defend
sich **vertiefen in** (+ ACC) to engross oneself in
vertilgen to devour, polish off
vertragen to stand, to tolerate
der **Vertreter** representative, commercial traveller

verwirrt confused
verzehren to devour, consume
verzichten auf (+ ACC) to renounce, to do without
sich **vorkommen*** to think, feel oneself
vorlesen* to read out (aloud)
die **Vorschubleistung** aiding and abetting (a crime)
vorsichtig careful

wächsern waxy, waxen
wegwerfend dismissive, disdainful
die **Weiche(n)** railway points

weichen to give way
winken to wave
wirr confused, tangled
das **Wunder** miracle

zärtlich tender
zerknüllt screwed up, crumpled up
der **Zeuge, die Zeugin** witness
zögern to hesitate
zucken, die Achseln zucken to shrug one's shoulders
zusammenstoßen to collide, crash
zweckdienlich purposeful, useful

www.ingramcontent.com/pod-product-compliance
Ingram Content Group UK Ltd.
Pitfield, Milton Keynes, MK11 3LW, UK
UKHW010019280225
455677UK00023B/685